不平等論

格差は悪なのか？

On Inequality

ハリー・G・フランクファート
山形浩生 訳・解説

筑摩書房

【目次】不平等論

装幀＝神田昇和

On Inequality
by
Harry G. Frankfurt

Japanese translation published by arrangement with
Princeton University Press
through The English Agency (Japan) Ltd

不平等論——格差は悪なのか？

（たぶん）同意してくれないジョーンに捧ぐ

はじめに

最近、私たちの社会における経済格差の拡大について、かなりの議論が起きている──その一部は、フランスの経済学者トマ・ピケティの研究[*1]が刊行されたことによるものだ。お金持ちとそうでない人々との経済リソースのギャップは急速に広がっている。この発達を多くの人が嘆かわしいと思っている。

確かに、豊かな人がそうでない人々に対し、かなりの、そしてしばしば眉をひそめたくなるような競争優位を享受しているのはまちがいないことだ。これが最も露骨なのは、もちろん消費についての面だ。でもはるかに重要な点としてそれが目立つのは、社会と政治的な影響力の面だ。社会の道徳慣習や慣行の性質を左右したり、政治生活の質や方向性を決めるにあたり、お金持ちは貧しい人々よりかなり幅を利かせられる。

でも経済格差が望ましくないとしても、これはそれ自体が道徳的に不適切だからではない。格差はそれ自体としては道徳的に不適切ではないのだ。それが本当に望ましくないとすれば、それは経済格差がそれ以外の容認し難い格差をまちがいなく生み出してしまう傾向があるからだ。こうした受け入れがたい格差は、ときには民主主義への私たちのコミットメントの正真性をほとんど台無しにしかねないものであり、したがって当然ながら、適切な法制、規制、司法、行政的な監視により抑制したり回避したりする必要がある。

思うに、こうした問題について明晰な考え方をするのはかなり重要なことだ。経済格差が本質的には道徳的に何の問題もないということを理解すれば、経済的平等主義をまともな道徳的理想としてまつりあげるのが不適切だというのを理解できる。さらにそれは、経済的平等をそれ自体として道徳的に重要な目標として見るのがなぜ有害ですらあるかもしれないかを認識するのにも役立つ。

本書の第1章では、経済的平等主義批判を行う。その結論は、道徳的な観点からすると、経済的平等性は実は大して問題にならず、私たちの道徳的政治的概念は人々が十分に所有を確保できるように専念すべきだというものだ。本書の第2章では、経済的平等が実際にはある程度の道徳的重要性を持つかもしれない一つの方向性を復活させてみる。

第1章　道徳的理想としての経済的平等

男その1：「お子さんはどうだい？」
男その2：「何に比べて？」

I

1. 最近の一般教書で、バラク・オバマ大統領は所得格差が「我々の時代を特長づける課題なのだ」と宣言した。でも私から見ると、私たちにとって最も根本的な課題というのはアメリカ人の所得が大きく不平等だという事実ではない。むしろそれは、あまりに多くのアメリカ国民が貧乏だということだ。

なんといっても、すべての所得が等しく貧困線以下になるような取り決めをしても、所得格差は文句なしに解消される。言うまでもなく、このようにして――つまり万人を同じくらい貧乏にして――所得平等を実現するなどというやり方に、いい点は何一つない。だから、所得格差をなくすということが、それ自体として私たちの最も根本的な目標ではあり得ない。

2．貧困の発生に加え、アメリカの目下の経済的問題の別の一部は、多くの国民があまりにわずかしか所有していないのに、それ以外のかなり多くの人があまりに多くを所有しているということだ。大金持ちは、文句なしに、活発で生産的で快適な生活を送るための必要量を遥かに超えるものを所有している。国の経済的な豊かさから、裕福な生活を送るための必要量を遥かに上回るものを引き出すことで、あまりに裕福な人々は、一種の経済的暴食の罪を犯している。これは栄養面での健康や、満足のいく飲食享受の面で必要な食品を遥かに上回るものを腹に詰め込む人々の暴食と似ている。

こうした暴食家自身の生活に対する有害な心理・道徳的な影響以外に、経済的暴食ははばかばかしく嫌悪を催すような光景をもたらす。経済的にかなりの貧窮に耐え、結果的にほとんど無力である相当数の人々の光景と並べて見ると、私たちの経済的な仕組みが与える一般的な印象は、醜く道徳的に嫌悪を催すものだ。[*1]

3．格差はそれ自体としては反対すべきものではない。でもそれに注目するというのは、私たちが本当に直面している課題を誤解することだ。私たちが基本的に注目すべきは、貧困と過剰な豊かさの両方を減らすことであるべきだ。もちろんこれが、格差削減をもたらすことは十分考えられる。だが格差の削減はそれ自体が私たちのもっとも基本的な目標とは成り得ない。経済的平等性は道徳的に納得できる理想ではない。私たちの努力の主な目標は、多くの人があまりに少なくしか持てず、また一部の人が十分を遥かにうわまわる快適さと影響力を持っている社会を修復することなのだ。

ずっと豊かな人々は、あまり豊かでない人々に比べ、顕著な優位性を持っている——その優位性を活用することで、かれらは選挙プロセスや規制プロセスに対する不適切な影響力を行使できるようになりかねない。この優位性が持つ潜在的に反民主主義的な影響は、こうしたプロセスを歪曲や濫用から保護するよう設計された法制や規制を通じ、適切に対処されねばならない。

4．経済的平等主義とは、私が理解する形では、万人が同じ額の所得と資産（手短には「お金」）を持つのが望ましいとするドクトリンだ。[*2] この基準から逸脱するほうが筋が通っている状況があるということは、ほとんどだれも否定しないはずだ。たとえば、ひどく必要とされているが珍しい技能を持った従業員を雇う必要がある場合には、例外的に高い報酬を得る機会を提示する必要がある。だが一部の不平等が容認できることはみんなすぐに合意するものの、多くの人々は、経済的平等性がそれ自体としてかなりの道徳的価値を持っていると考えている。したがってかれらは、平等主義的な理想に近づこうとする努力にかなりの優先度を与えるべきだと主張する。[*3]

私の意見では、これはまちがいだ。経済的平等は、それ自体としては何ら道徳的な重要性を持っていない。そして同じ議論から、経済的格差はそれ自体としては道徳的に反発すべきものではない。道徳性の観点からすると、万人が同じだけ保有するというのは重要ではない。道徳的に重要なのは、万人が十分に保有することだ。みんなが十分にお金を持っていたら、一部の人が他よりもたくさんお金を持っていたところで、それはことさら意図的な懸念をすべき問題ではない。

私はこの平等主義への代替案を「充足性ドクトリン」と呼ぼう——つまり、お金について道徳的に重要なのは、万人が十分にそれを持つことだというドクトリンだ。[*4]

5．経済的平等がそれ自体としては道徳的に納得できる社会的理想ではないという事実は、もちろんそれがあらゆる文脈において、どうでもいい不適切な目標だと考えるべきだなどという根拠にはならない。実際、経済的平等性は、とても重要な政治的、社会的価値を持つかもしれない。お金の分配に関連した問題に対処するにあたり、平等主義的な基準にしたがうべきだというとてもよい理由がある場合もあるだろう。だからときには、万人が十分お金を持っている度合いを規制しようとするよりは、経済的平等性の度合いを増そうとするほうが、目先の対処として意義が大きい場合も時にはあるだろう。
経済平等がそれ自体としてそのような形では重要でないにしても、平等主義的な経済政策へのコミットは各種望ましい社会的政治的目標の実現促進にあたって不可欠かもしれない。また、ユニバーサルな経済的充足性を実現する最も実現可能なアプローチは、実は平等性を追求することだったということになるかもしれない。経済的平等がそれ自体としては善でないという事実は、当然ながらそれが本当に正当に本質的価値を持つ善の必要条件として、実用的な価値を持つという可能性を閉ざすものではない。

だからもっと平等主義的なお金の分配は、もちろん反対すべきものではない。それでも、経済的平等性をそれ自体のために重視すべきだという強力な道徳的理由があると信じてしまうという、広範なまちがいは人畜無害にはほど遠い。実際のところ、この信念は大きな害をもたらす傾向が強いのだ。

6. 経済的平等主義への反対論として、平等性と自由との間には危険な対立があるのだと論じられることが多い。この議論は、もし人々が好き勝手に振る舞ってよいのであれば、まちがいなく所得や資産の格差が発達する傾向が生じるという想定に根ざしている。この想定から、平等主義的なお金の分配を実現するには、そうした望ましからぬ傾向の発達に不可欠な自由を抑圧するという代償を支払うしかないのだと憶測されている。

平等と自由との関係に関するこの議論がどれほど正当なものだろうと、経済的平等主義は別の紛争を内包しており、その紛争はずっと本質的な意義を持つ。人々が経済的平等性は道徳的に重要な善だというまちがった想定をいだき、経済的平等性にばかり注目している限り、ある一定水準の所得や資産で満足できるという状態は、その限りにおいて、自分自身の個別の関心や野心に導かれたものではなくなる。むしろそれは、他の人々がたまたま持っているお金の量に導かれるものとなる。

このように、経済的平等主義は、人々が自分自身の状況やニーズに基づいて金銭的な必要性を計算することから、人々の意識を反らしてしまう。むしろそれは、自分たちの相対的な金銭的状況を除けば、自分たち自身の生活の具体的な特徴とはまったく関係ない計算に基づいた豊かさの水準を、不適切にも目指すことを奨励するようになる。

だがどう考えても、各種他人の手持ちのお金の量は、その人物が自分として賢明かつ適切に目指すべき生活に必要なものとは、何ら直接的な関係はないはずだ。だから経済的平等性の本質的価値と称するものにこだわるのは、人々の関心を自分自身が——自分自身についての経験と生活条件の経験範囲内で——本当に気にかけるもの、本当に求めたり必要としたりするもの、本当にその人を満足させるものからそらしてしまう。

つまり、他人の状況に対するこだわりは、自分自身の金銭的目標に関する知的な選択を最も決定的に左右するための、最も基本的な作業を邪魔してしまうのだ。それは自分自身の最もオーセンチックなニーズ、興味、野心をうまく追求するために本当に何が必要かについての理解から人々を引き離してしまう。つまり、経済的平等性の道徳的重要性を誇張するのが有害なのは、それが疎外をもたらすからだ。それは人を自分個人の現実から分離させてしまい、最も真正に自分のものではないような欲望やニーズに関心をあわせるよう促してしまうのだ。

7．確かに、他人の経済状況に目をやるのは、おもしろい可能性に気づくきっかけにはなる。さらに、何が普通や典型的なのかについての有益な判断を下すデータを与えてくれるかもしれない。自分のために何を求めるべきかに関する、自信ある現実的な理解に到達しようとしている人が、これを有益だと考える可能性は十分にある。

さらに、自分が抱くべき金銭的野心として最も適切なものを決めるための考察において、他人の経済的状況が重要となってくるのは、何も示唆的な場合や予備的な場合に限られるわけではない。ある人が必要とするお金の量は、もっと直接的な形で、他人に提供されているお金の量に依存することも考えられる。比較的巨額のお金は――よく知られていることだが――極端な権力や名声や、その他競争優位をもたらす。だからその人物にとっていくらのお金が十分かという計算は、もしその人物がそれと関連した種類の競争に参加する可能性が高いなら、競争が必要となる相手の人物がどのくらいのお金を使えるかという考察なしには不可能となる。

経済的平等がそれ自体のために重要だというまちがった信念は、人々が自分にとって最も根本的に重要なものを理解するという問題を、自分の適切な金銭的野心を推計するという問題と切り離すことにつながる。本質的には大して重要でないし、直接論点に関係していない問題を、あまりに本気で受け止めてしまい、それが大いに道徳的な懸念事項であるかのように思わせてしまうのだ。その問題とは、自分の経済的な地位が他人の経済的地位と比べてどうか、という問題だ。このようにして、平等性のドクトリンは現代の道徳的な方向性喪失と浅はかさに貢献している。

8. 平等主義的な思想の広まりは、別の形でも被害をもたらす。それは経済的平等性の問題よりも道徳的、人間的に重要である考察から人々の関心を引き離しがちだというだけではない。それはまた知識人の関心を、そうしたもっと重要な考察というのがズバリ何なのか理解し、そうした探究を信頼できる形で導いて支援するような概念的道具を――適切な包括性と明解な細部をもって――考案するというきわめて根本的な哲学問題から引き離してしまうのだ。

人が十分に持つためには、その人物にどれだけのものが必要なのか、というのを決めるのに比べ、何かについての平等な取り分の規模を計算するというのは、ずっと簡単だ――ずっと単純明快できちんと定義された作業となる。平等な取り分を持つという概念そのものが、十分に持つという概念よりは、透明性がありわかりやすい。したがって、平等性の理論は、十分性の理論よりはずっと考案しやすいことになる。経済的平等主義の広範な魅力は、残念ながら、十分に持つという概念が提起する分析的、理論的課題に対する系統的な検討の重要性を覆い隠してしまった。言うまでもなく、十分性のドクトリンが厳密に言って何を意味しているのか、それを適用するために何が必要なのかを述べるのは、まるで自明とは言えないことだ。だが、だからといってそのかわりに、正しくない概念を採用すべきだということにはならない。

II

9．経済的な平等性が実際に重要なのだというまちがった主張を確立してみる方法はいろいろある。たとえば、社会の成員間の友愛的な関係が望ましいのであり、経済的平等性はそのために多かれ少なかれ不可欠なのだ、という議論がときどき聞かれる。あるいは、金銭的な分配における不平等は、それが必ずや他の種類の望ましからぬ乖離——たとえば社会的地位、政治的影響力、各種の機会や保有権を有効に活用する能力など——につながるから避けるべきなのだ、と主張されることもある。

こうした議論のいずれにおいても経済的平等性が支持されるのは、ある非経済的な条件を作ったり維持したりするのに重要だからとされている。この種の配慮は、確かに平等性を望ましい社会的善として推奨する説得力ある理由を提供するものかもしれない。だが、こうした議論のそれぞれは、経済的な平等性を派生的にしか価値あるものと見ていない――つまり、他の物への実用的、条件的な結びつきのために経済的平等性には価値があるのだ、というわけだ。いずれの議論も、経済的平等性に何ら議論の余地なく本質的な価値を与えるものではない。

10. 経済的平等性を支持するいささか別種の議論は、その平等性の価値を本質的なものと考える方向を見せている。その議論――主張している中で最も特筆すべきはアバ・ラーナー教授（コロンビア大、カリフォルニア大学バークレー校、社会研究ニュースクール所属）だ――は、限界効用の逓減という原理に基づいている。この経済学の原理が示唆するのは、お金の平等な分配は総効用、つまり社会全体の満足度の総和を最大化するということなのだと主張される。つまり、社会のお金の総額が所与とすれば、そのお金がもたらす総効用は、そのお金が不平等に分配されるよりは平等に分配されるほうが大きくなるというわけだ。[*5]

この議論は二つの想定に依存している。(a)どの個人についても、お金の効用は限界のところでは必ず逓減するということ、(b)お金について、あるいはお金が買えるものについて言うと、あらゆる人の効用関数は同じだということ。[*6]

(a)と(b)の両方の前提を認めれば、限界の一ドルがもたらす効用は、お金持ちにとっては、それほど豊かでない人に比べると必ず小さいということになる。

さらにこれは、ある人から一ドルを取って、それをもっと豊かでない人に与えることにより不平等を減らせば、総効用は必ず上昇するということを意味するように思える。なぜなら、受け手がこの移転から得る効用は、一ドルをあげる側が失う効用を上回るからだ。

11. でもこの追加の理由づけは、お金持ちからお金を奪って貧乏な人にあげることで生じるはずの、インフレ的な影響を考慮していない。[*7] 消費財の供給は、結局のところお金が再分配されても増えるわけではない。その一方で、それまで人々が貧しくて買えなかった一部の財に対する需要はほぼまちがいなく増える。だからそうした財の価格はおそらく上がる。

このインフレ圧力は、それに応じた消費削減をもたらす。とても裕福な人は減らさないかもしれない——そうした人々は、十分にお金があるから価格上昇に対応できる。でも中間層の人々は、消費を下げるだろう。値段が上がったら、それまでなじんできた消費水準は維持できないからだ。これによる生活水準の低下は、かつて貧しかった人々の利得と相殺される。このトレードオフはつまり、総効用が上がらないということだ。すると、お金持ちからお金を取って貧乏人にあげても、総効用が確実に上がるとは言えない。

12. いずれにしても、実はどのみち(a)も(b)もまちがっているのだ。この二つが偽であるおかげで、経済的平等性を総効用最大化に結びつける議論はそもそもまるで成立しない。限界効用逓減からの議論は、お金の再分配が望ましいという議論をまったく裏付けてくれない。

(b)に関する限り、お金がそれぞれの個人について持つ効用関数は、人によって似ても似つかないほどちがっているのは明らかだ。一部の人は、享受できる満足の水準を制限するような、身体的感情的弱点や無能力に苦しんでいる。個別の障害の影響に加え、一部の人々は理由はどうあれ、物事を他の人よりも心から味わう。だれでも知っているように、どの消費水準であれ、人がそこから引き出す効用は、消費者ごとに大幅にちがう。

(a)について言えば、お金の限界効用には全体としてまったく低下が期待できないと考えるべき強い理由がある。一部の財については効用が確かに逓減しがちだという事実は、明らかに理由付けのアプリオリな原理とはなり得ない。それは心理的な一般化であり、反復刺激の結果として感覚が新鮮さを失うのが通常だという事実に基づいたものだ。つまりしばらくすると、人々は自分が消費していたものに飽きてくる。多くの種類の経験は、反復されるにつれてますます定型化してしまい、報われなくなるというのは常識だろう。[*8]

でも、これがお金の限界効用の目減りを予想すべき理由に少しでもなるかどうかは疑問だ。というのもお金は一般的な交換の道具として機能するものだからだ。お金で買えるあらゆるものの効用が限界では必ず逓減するとしても、お金自体の効用はやはりちがうパターンを示しかねない。お金はその果てしない柔軟性のおかげで、容赦ない限界での低下という現象を免れることはじゅうぶんあり得る。

何かの消費が増えるにつれて、人はその消費しているものに対する興味を失うという想定をもとに、その人はそれ故に消費そのものに興味を失いがちだとか、消費を可能にするお金に興味を失うとかは結論できない。それまでやってきたことにどれほど退屈したとしても、その人がまだ試していない財は必ず残っているだろうし、試していない財の残りが有限で尽き果てたとしても、以前に飽き飽きしたがもはや充足はしておらず、したがってその人にとっての効用が回復した財からもっと満足が得られることもあるだろう。

13. いずれにしても、人々が当初からすぐに飽き始めたりしないようなものは無数にある。それどころか一部の財については、人々は当初よりもしばらく持続的に消費したあとのほうが、得られる効用が高い。何かを享受したり楽しんだりするためには、すでに繰り返し試行を行っていないとダメだという場合もある。こうした試行は一種の「ウォームアップ」過程、つまり満足を引き出せるようになるためにその人の状態を整えるものとなり、それがなくては満足はそこから引き出せないのだ。

何らかのアイテムや体験について、人がウォームアップするか、あるいは「特別な嗜好」を発達するか、中毒するか、その他それに対して全面的な形で反応し始めるまでは、あまり大した満足が得られないといった状況全てについてこれは当てはまる。つまり満足を得る能力は、消費シーケンスの中で、後よりも初期のほうが小さいということになる。こうした場合、限界効用は減らないどころか、増えている。

仮に人が最終的には、まったく例外なしにそれに対する興味を失うというのが事実だとしよう。これはつまり、あらゆる効用曲線について、その曲線が安定した不可逆な減少を始める点があるということだ。だが、曲線のあらゆる部分が右肩下がりの傾きをしているという想定はできない。

III

14．限界効用が逓減するとき、それは限界単位に何か欠陥があるために逓減するわけではまったくない。単に、その単位が過程の中で、たまたま最新の位置を占めたから逓減するだけだ。同じ事が、限界効用の増大についても言える。限界単位がそれに先立つ単位よりも高い効用を持つのは、まさにそれまでの単位を消費者が消費したからでしかない。

その過程がお金の単位で構成されているなら、ウォームアップの過程に対応するのは——少なくともある顕著で重要な特徴の面では——貯蓄のプロセスだ。貯蓄を積み上げるのは、ウォーミングアップと同じで、どこか将来の時点でそれまでは引き出せないほどの満足を引き出す能力を作り出すということだ。

ある人にとって、効用の「閾値」とでも考えられるものが起こるために、収入を右から左へ使ってしまうより、貯金がことさら有益なときもある。次の特性を持つモノを考えてほしい。それは別のものでは代替がきかず、新鮮で他にはない種類の満足を与えてくれるし、貯蓄をしないと買えないくらい高価なものだ。そうしたモノのための貯金をするとき、その全額が貯まる最後の一ドルの効用は、そのプログラムでそれまでに貯蓄してきたどの一ドルの効用よりも大きいかもしれない。そのモノを獲得することで得られる効用が、貯金分を右から左へと使ってしまった場合に得られたはずの効用よりも大きいのであれば、それまでの一ドルから得られる効用の総和よりも、その最後の一ドルの効用のほうが大きいかもしれない。こうした状況では、貯金の最後の一ドルは効用の閾値を超えることを可能にしてくれる。それは他の一ドルがもたらした効用に、もう一単位の効用を付け加えるだけのものではない。それは他のドルがもたらした効用を包含するほどの効用を創り出し、それはその総和よりも大きいのだ。

15．人は一般に、ある規模の便益を得るよりは、同じ規模の被害を避けるほうが重要だと考えがちだ。この選好は、部分的には効用が通常は確かに限界で逓減するという想定から生じるのかもしれない。というのもその効用からすると、限界での獲得から得られる追加の便益は、被害によって失われるそのモノからくる効用よりも小さいことになるからだ。

だが興味深いことに、被害を避けるのに比べて便益の獲得に低い価値を置く傾向は、ときには逆転する。人々があまりに惨めで、もはや「何も失うものがない」と思うようになったら、もっとひどい状態になるのを避けるよりも、（それと同じくらいの程度で）自分の状態を改善するほうに高い価値を置くことも十分考えられる。この場合、限界で逓減しているのは便益の効用ではなく、被害の持つ負の効用だ。

効用の閾値のおかげで、追加の、あるいは限界での一ドルは、そうした閾値を超えるには至らない一ドルよりも、極度に大きな効用を持つだろう。たとえば、ある時点で手元に余ったお金を使っても、その人の通常の消費パターン改善が大した影響のない程度でしかなかったら——たとえば夕食に、ほんのちょっとだけ、ほとんど気がつかないほど品質のよい肉を使うようにするなど——余ったお金をしばらく貯金してわくわくする野球の試合を見に行くのに比べれば、そのちょっとした消費から得られる追加の効用はずっと小さいだろう。

16．ときどき、支出により生み出される効用を最大化するという意味で合理的な人にとっては常に、お金の限界効用が必然的に逓減するしかないと論じられることがある。アバ・ラーナー教授はこの主張を以下のように述べている。

所得限界効用逓減の原理は、買った財から得られる満足を最大化する形で消費者が所得を使うという想定から導かれる。ある所得を使って買ったモノはすべて、それに代わるものを買った場合よりも大きな満足を与えてくれるはずであり、まさにそれだからこそそのモノが購入されたわけだ。ここから、もし所得がもっと多かったなら、その追加分で買ったはずの追加のモノは、所得が小さかったときにはそこから得られる満足が小さかったために排除されたモノとなることが導かれる。そして所得がさらに大きくなれば、もっと満足度の小さいモノが購入されるだろう。所得が大きくなれば、同じだけ所得が増えた分で買える追加のモノから得られる満足はどんどん下がる。所得の限界効用逓減というのは、単にそういうことを言っているだけなのだ。[*9]

私は、この議論は不適切だと思う。人があるモノから得られる満足度は、その人がある特定の他の財を持っているかどうかで大きく変わり得る。だからある支出から得られる満足は、他の特定の支出が行われていた場合に拡大されることもあり得る。

たとえば、ポップコーンを提供するには、そのポップコーンをおいしくするために必要なバターと同じ費用がかかるとしよう。さて、バターをかけたポップコーンを偏愛し、バターなしのポップコーンからはあまり満足を得られないが、それでもバターだけよりはバターなしのポップコーンのほうがいいと思っている合理的な消費者を考えてほしい。するとこの消費者は、両方買えず片方だけ買うしかない場合には、バターだけを買うよりは、バターなしのポップコーンを選好して購入することになる。

さてこの人物の所得が増えたとしよう。もうこの人は、ポップコーンとバターの両方を買えるようになった。するとこの人は、とてつもなく好きなものが手に入ることになる。追加の所得のおかげで、大好きなバターをかけたポップコーンが楽しめる。ポップコーンをバターと組み合わせることで得られる満足は、おそらくはこの両者を別々に食べたときの満足の合計よりもずっと大きいだろう。ここにもまた、閾値効果が働いている。

17. 閾値効果は特に、コレクターの体験には重要なものだ。コレクターが何年もかけて買い集めていたコレクションをついに完成させるアイテムを手に入れたとき、コレクションのその他アイテムのどれを得たときの満足感よりも（あるいはその他すべてのアイテムを得た満足の合計よりも）大きな満足を得るのは自然なことだろう。その最後のアイテムが――それ自体としては――他のアイテムのどれに比べても特に大きな効用を持っていない場合でもそうなる。

コレクターにとって、最後のアイテムを手に入れるのは、効用の閾値を超えることになる場合が多い。個別に見れば同じ効用を持つアイテム二〇個で構成されるコレクションのコンプリート版は、アイテム数は同じでもどれかが複数入っていて不完全なコレクションよりも、コレクターにもたらす効用は大きい。これは、コレクションのコンプリートそのものが、閾値を超えることで得られる追加の効用を提供するからだ――その効用はコレクションを構成する個別アイテムのもたらす効用に追加でもたらされるものだ。

このような場合、$G(i)$（その人が追加の所得 i でついに手に入れられるようになった財）を購入するのに使うお金の限界効用が、$G(n)$（合理的消費者が実際に n ドルの所得で買う財）の購入に使うお金の限界効用よりも小さいとは言えない。バターをかけたポップコーンのように、ある財に別の財を追加することで、それぞれ個別の財がもたらす効用の和よりも大きな効用が得られるという意味でシナジー的な組み合わせを作り出す機会がある場合、それぞれのアイテムを独立して個別に獲得する限界アイテムの過程は、効用減少パターンを示すかもしれないが、それでもお金の限界効用は減らないこともあり得る。

ラーナーの議論は、別の考察から見てもまちがっている。この議論は明らかに、所得が i ドル増えたときに消費者が買う物は、所得がたった n ドルだったときに、買ってもよかったけれども棄却されたものであるはずだと想定している。でも、この想定は根拠がない。

所得が（$n+i$）ドルのとき、消費者はその所得を使って、所得増加前には高すぎて手が出なかったものを買おうとするかもしれない。所得nドルの合理的な消費者が、所得増加まである財の入手を先送りにしても、これは必ずしもその人が所得の少ないときにその入手を「棄却」したということにはならない。その問題の財が以前は手が届かないものだったのは、単にそれを他の財に追加するとnドル以上かかったからかもしれない。そのアイテム入手を先送りした理由は、満足度に関する期待の比較とはまったく関係なく、選好や優先順位付けともまったく無関係かもしれない。[*10]

IV

18. これまでの議論で、平等主義的な所得分配は総効用の最大化を実現できないかもしれないことを示した。実は、条件によっては平等主義的な分配が総効用を最小化してしまうことも示せるのだ。[*11]

あるリソース（たとえば薬や食べ物）が、人口の一部の生存には十分だが、全員を生かすには足りないと想定してみよう。仮に、その母集団の総数が一〇人で、人は生きるためにはそのリソース5単位以上が必要で、そのリソースが40単位きっかりあるとしよう。すると最大でも生き残れるのは八人で、かれらが生き残るには、他の二人がもらうよりも必要リソースの比率を多くもらうしかなく、それにより残り二人の個人は見殺しにするしかない。

この母集団の成員のだれかが生き残るのであれば、一部の人が他の人々よりも多くをもらうしかない。平等な分配だと、各個人が4単位ずつ受け取るが、これは可能な限り最悪の結果をもたらす。つまり、みんな死ぬ。こういう場合だと、リソースを平等に共有しろと固執するのは道徳的にグロテスクだ！

また、ここで指定した条件下だと、一部の人がいい目を見るのが正当化されるのは最も恵まれない人の利益になるときだけだ、という議論――一部の哲学者はこれを主張する——も不適切なものとなる。仮に、存在するリソースが八人救うようなギリギリの分配になっていたとしよう。それが母集団の中で見捨てられて死ぬ二人にとって何やら利益になるという信念で、これを正当化するわけにはいかないのは当然だ。不当な希少性の条件下で、万人の最低限の必要性を満たすだけのものがない場合、平等主義的な分配が望ましいなどという議論はかなり論外となる。

19．希少性に対する別の反応は、なるべく多くの人が十分に得られるような形で手持ちのリソースを分配することだ。言い換えると、その分配が充足性の発生を最大化するようにするわけだ。でもこんどはいまと同じ例で、その重要なリソースが40単位ではなく41単位あるとしよう。すると、八人それぞれに十分なだけ提供することで充足性の発生は最大化するが、1単位のリソースがどこにも割り当てられずに残る。この余った1単位はどうしようか？

上で示したのは、一部の人が十分未満しか持っていない場合、だれも他人より多く持つべきではないなどとこだわるのがまちがいだ、ということだ。資源が希少で、万人が十分に持てないときには、平等主義的な分配は大災厄につながりかねない。また、一部の人が十分未満しか持っていないときには、だれも十分以上に持つべきではないなどと主張するのもまちがっている。この主張が正しいなら、いま考えている例だと、余った1単位はギリギリ生存に十分なだけ得ている人の一人に、十分以上のものを提供するため使ってはならず、何も与えられていない二人の片方に提供されるべきだということになる。

この代案の明らかに困ったところは、問題のリソースを1単位追加したところで、何も持っていない人物の状態は改善されないということだ。当初の仮定から、その人物は追加の1単位をもらったところで、どうせ死ぬ。1単位もらっても何の意味もない。5単位要るのだ。[*12] だからその追加の1単位は、その人物にとって何ら役に立たないし、この状況だと他のだれにとっても役立たずだ。あっさり保存しておくか捨てるかしても同じことだ。あるいは大げさな善意のポーズとして、すでに生存が決まっているだれかにあげてもいい。

ある必須リソースを一定量持っている人が、それより少ない量しか持っていない人よりもよい立場にあるというのは、もちろん当然とは言えない。というのも、その多い一定量ですら不十分かもしれないからだ――つまり、多少なりとも役に立つには少なすぎるかもしれない。多く持っていることで、その人はかえって悪い立場に置かれるかもしれない。その1単位の食べ物や薬を持つ人が、まったく食べ物や薬を持っていない人よりも少し長生きすると想定したところで、飢餓や病気のプロセスをちょっと長引かせるだけだとすれば、それが予想可能な苦しみを早めに終わらせるよりもかえって悪いかもしれない。

20. 他の人が一人でも十分未満しか持たないのであれば、だれも十分以上など持ってはならないという発想もまた、もっともらしくはあってもやはりまちがった想定からそのもっともらしさを得ている。確かに、十分未満しか持たない人にリソースをあげれば、その人々の状態はよくなる。そして確かに、恵まれない立場にある人々の状態を改善するのを、すでに不自由のない人の状態改善より優先度を上げるのは、一般には適切なことだ。だがリソースが不足しており、しかもその点での欠乏ぶりがきわめて深刻な人に、追加のリソースを与えたところで、その人々の状況はまるで改善されないかもしれない。

ある効用閾値の下にいる人々は、その閾値に近づくような追加リソースをもらっても、必ずしも恩恵を受けるとは限らない。これを認識するのは重要なことだ。かれらに必須なのは、その閾値を超えることだ。単にその閾値に近づけるだけでは、まるでかれらにとって役に立たないかもしれない。それどころか、かえって不利になることさえある。

もちろん、重要な効用閾値に近づいてもそれを超えないことが、絶対に役立たずだとかほとんど役にたつことはないとか示唆したいわけではない。その閾値がいずれ超えられる可能性が高まるかもしれないし、あるいは——閾値を超える重要性とはまったく別に——追加のリソースが望ましい効用増分をもたらす可能性があるかもしれない。その意味で、追加のリソースを与えるのが有益であることは十分に考えられる。コレクターだってもちろん、コレクションを完成させる見込みがまったくないと思っている場合でさえ、そのコレクションが充実するのは楽しめるはずだ。

V

21．しばしば、平等主義の支持論は、論理ではなく思いこみによる道徳的直感に基づいていることが多い。経済的不平等は、とにかくなんだかまちがっているように思えるのだ。一部の人が、他の人よりもたくさんお金を持っているというのは、それ自体として単純に見て、道徳的に不適切だと多くの人は感じてしまう。

不平等のあらわれについてこの直感を持っていると主張する人々は、実は知覚した不平等に反応しているのではなく、観察している状況の別の特徴に反応しているのではないかと私はにらんでいる。経済的格差の状況で、かれらが道徳的に不適切だと直感的に思っているのは、そうした状況で一部の個人が他の人ほどお金を持っていないということではなさそうだ。むしろそれは、少ないものしか持っていない人々の持っているものが、あまりに少ないという事実なのだ。[*13]

自分たちよりも大幅に恵まれない人々のことを考えるとき、確かにかれらの状況によって道徳的に心が乱れるのは普通のことだ。でもそういう場合に私たちを直接動かすのは、相対的な量の差ではなく、絶対的な量の不足だ。恵まれない人々の経済リソースが私たちのリソースよりも小さいという事実ではない。かれらのリソースが少なすぎるという、まったくちがう事実のほうなのだ。かれらについて私たちを不安にさせるのは、かれらがとても貧乏だということだ。

人々が持っているお金の量の差だけなら、それ自体としては心を不穏にさせるものではない。非常に豊かな人々と大金持ちとの間の格差については、私たちはまるで意に介さない場合が多いのではないか。大金持ちのほうが、豊かな人々よりずっと恵まれているという認識は、道徳的な不安をまったくかきたてることはない。

ある人について、その人の人生が豊かで満たされ、その当人自身が経済的状況に十分満足していて、お金がもっとあれば緩和できるような後悔や悲しみに苦しんでいないと思えるなら、その人が持っているお金の量を、他人が持っているお金の量と比べたりすることに――少なくとも道徳的な観点からは――あまり興味を持たないのが普通だ。こうした場合の経済的な差は、重要な道徳的懸念だとはまったく感じられない。一部の人が他よりずっと持たざる存在だという事実は、その恵まれない人々でも十分に持っているというのが明らかであれば、道徳的にはまるで不穏ではない。

22．平等主義と充足性のドクトリンは論理的には独立している。片方を支持する懸念事項は、もう片方も支持するものだとは想定できない。だが平等主義の支持者たちはしばしば、充足性のドクトリンを支持する事実を提示しただけなのに、平等主義の立場に関する証拠を提示したつもりになっている。

平等主義者たちは自分のドクトリンに対する支持を増やそうとして、しばしばお金持ちが享受する条件と、貧乏人が苦しむ条件との差を指摘する。こうした差を考えることで、貧乏人の状況を改善するために、手持ちリソースを再分配するのが道徳的に望ましいという、実に正当な確信が引き起こされるというのは否定しようもない。そしてもちろん、これをやれば経済的平等性の度合いは高まる。だが貧乏人の状況改善についての強い道徳的な訴求力は、平等主義が道徳的な理想として同じくらいの強さを持つなどということをまったく示すものではない。

貧困が十分に納得できるほどひどいものだと示したからといって、同じことが不平等についても言えることを示すにはまったく役に立たない。道徳的に意味ある形で人を貧しくするもの――ここで貧困とは、深刻な経済的欠乏の状態として理解されるものだ――は、他人よりも持っているお金が少ないという事実ではない。格差をめぐる状況が道徳的に不穏に感じられるのは、それが充足性の理想を侵犯する限りにおいてでしかないと私は信じている。[*14] これは、平等主義者が述べる原理と、平等主義者たちが通常自分たちの生活を行う通常のやり方とのお馴染みの差からも裏付けられると私は考える。

ここで私が言いたいのは、一部の平等論者が高い所得や特別な機会を受け入れているのが偽善的だということではない（そうしたものは、かれらの推奨する道徳理論によれば、まともに正当化することはできないはずではあるが）。言いたいのはむしろ、多くの平等主義者（このドクトリンを学問的に支持する多くの人々を含む）は、自分たち自身が他の人々と同じくらい経済的に恵まれているかどうかについて、本当は気になどしていないということだ。

かれらはしばしば、自分たちにとって重要なものを得るのにおおむね十分なお金を持っていると信じ、したがって他の人々が自分よりも大幅に豊かだという事実にはあまりこだわらない。多くの平等主義者たちは、自分自身の生活について、その種の経済的な比較などずいぶん貧相なものだと思ったり、そんなことを気にすること自体が見下げ果てたことだと考えるだろう。そして、かれらが準拠するドクトリンの含意とは関係なく、自分の子どもたちがそんなことを気にして育ったらかれらはがっかりすることだろう。

23. 経済的平等主義の根本的なまちがいは、ある人物が他人よりも少なくしか持っていないということが道徳的に重要だと想定するところにある。ここでは、その両者が実際にどれだけ持っているかがまったく考慮されず、またその手持ちからそれぞれの人がどれだけの効用を引き出すかも考慮されない。このまちがいの原因は、一部は所得の少ない人物は、豊かな人にくらべてもっと重要な満たされぬニーズがあるというまちがった想定だ。でもある人物が他の人に比べて所得が大きいかどうかは、まったく無関係な話だ。それはこの二人の所得の関係に左右される。それぞれの所得の実際の規模や、もっと重要なことだが、かれらがそこから得られる満足の量とは、独立したものとなっている。この比較は、比較対象となっている人々に重要な満たされぬニーズがあるかどうかについて、何一つ含意していないのだ。

VI

24．最後に、ある人が十分に持っているというのはどういう意味だろうか？　一つ考えられる意味は、それ以上少しでも多く持ったら多すぎる状態になるような状態のことだ。それより多量に持ったら、その人の人生は不快になったり、有害になったり、その他歓迎されざる状態となるということだ。人々が特に怒りや警告をこめて「もう十分だ！」「そんなのもうたくさん！」などと言ったりするときに念頭にあるのは、こういう意味合いだ。

こうした発言が伝える考えというのは、ある限界に到達したということで、その限界より先に進むのは望ましくないということだ。一方、ある人物が十分に持っているという主張は、何らかの要件や基準が満たされたということを示すだけで、それ以上得ることがよくないのだという含意はまったくない。「それくらいで十分だろう」などと言うときの意図は通常そういうことだ。このような発言はしばしば、そこで示された量が十分だということを示すが、それより多い量が望ましいかどうかは明言しない。

充足性ドクトリンでは、「十分」という概念を使う場合は、何か限界に達したというよりも、何らかの標準を達成したという意味合いとなる。ある人が十分にお金を持っているというのは――おおむね――その人が実際に持っているお金以上に持たないことについて満足しているか、満足するのが適正であるということを意味している。そしてそれはつまり、その人物は人生において、悩んだり不満だったりすること（それがあれば）の原因が、手持ちのお金が少なすぎるせいだとは思わない、あるいは思うことが正当ではないという主張となる。言い換えると、もしある人が手持ちのお金で満足していたら（あるいは合理的に見てそう考えるべきなら）、その人が自分の人生の動向について不満を抱く理由があるとしても、手持ちのお金が増えれば（あるいはひょっとしたら減れば）それにより不幸ぶりが顕著に減るようにできる（あるいはそうなる理由が得られる）とは考えられない（または合理的に見てそうとは思えない）ということになる。[*15]

25．お金を十分に持っているというのは、なんとかやりくりできるギリギリのお金があるとか、生活をなんとか耐えられるものにできる程度のお金があるというのとはずいぶんちがうのだ、ということを理解するのは重要だ。人々は、かつかつの生活をするだけでは満足しないのが普通だ。充足性のドクトリンは、人々が経済的な悲惨を避けるのに十分なお金があることだけがお金の面で道徳的に重要な分配上の懸念だということではない。かつかつ暮らせるだけのお金があると自然に言える人物は、充足性のドクトリンによれば、まったく十分に持っているとは言えない。

ある人の持つお金の量が十分だと言える状況——つまり、それ以上のお金があっても不幸さが大幅には減らせない状態――には、まったくちがう二種類のものがある。一方では、その人物が全然不幸でないという場合だ。人生について目に見える悩みや不満にまるで苦しんでいない。その一方で、その人物が実際に人生の動向について不満ではあっても、その不幸の原因となっている困難は手持ちのお金が増えても本当に軽減されたりしない、という場合もあり得る。

この二番目のような状況は、その人の人生でうまく行っていない部分が、きわめて顕著に非経済的な財と関係している場合だ。たとえば、愛とか、人生が有意義という感覚、自分の性格に対する満足などだ。こうした財はお金では買えない。実際、こうした財はお金で買えるどんな財も、適切な代替物の足下にも及ばないようなものだ。

確かにときには、非経済的な財は、ある程度のお金を持っている人しか手に入れられなかったり享受できなかったりする（あるいはそうしやすかったりする）。でも人生に悩む人はすでにそれだけのお金を持っているかもしれない。人生における不満な特徴は、所得規模や財産規模によるものではないので、もっとお金を持っていても人生は改善されない。

手持ちのお金の量で満足している人は、それよりさらにたくさんのお金を得ても満足することは十分に考えられる。十分に高い所得を持っているということは、別にそれ以上の規模の所得があるのが必ずしも望ましくないという限界にいるという意味ではないので、すでに十分なお金を持っている人物にとって、お金の限界効用がマイナスかゼロであるはずだと想定するのはまちがいだ。

この人物は想定からして、所得がもっと高くなったら購入できるようになるものが不足しているせいで人生に苦しんでいるのではないが、それでも高い所得で買えるものを手に入れたら喜ぶという可能性は残っている。それで不幸が減るわけではない。また人生に対する態度もまるで変わらないし、人生に対する満足度もまるで変わらない。でも、そうしたモノは喜びをもたらすかもしれない。もしそうなら、その意味で人生はお金が増えたほうが、増えないよりは改善される。つまり、その人にとってのお金の限界効用はプラスのままだ。

つまりある人が手持ちのお金で満足しているからといって、それ以上のお金を与えることがまったく無意味ということにはならない。すでに十分なお金のある人でも、もっと高い所得を喜んで受け入れるかもしれない。人が手持ちのお金で満足しているという想定から、その人がもっとお金をほしがらないということは導けない。そんな人でも、もっとお金を得るために、価値があると認めたもの（たとえばある程度の余暇など）を喜んで犠牲にすることだって十分にあり得る。

26．でもこれは、その人が実際に手持ちのお金に満足しているという主張と相容れないのではないか？　ある一定量のお金に対する満足というのが、もっとお金を得るために目に見える犠牲を喜んで払うというのを排除するものではないとすれば、何が排除されるのだろうか？

それが排除するのは、もっと多くを得ることに対する積極的な関心だ。満足した人物は、それ以上のお金を得ることが、人生に対する満足にとっては本質的でないと考えるわけだ。

その人が満足しているということは、その人の経済的な状況が改善される余地があり、人生がその結果として現在よりもよくなるということをその人が認識しているという状態とまったく矛盾するものではない。だがこの可能性は、その人にとって重要ではない。お金に関する限り、現状よりも豊かになることにあまり興味がないだけだ。その人の関心は、もっとお金があれば得られる財にあまり切実に捕らわれていない。追加の財が手元にあればそれを自分が楽しむだろうということは認識していても、そうした財がことさら熱望や渇望を引き起こさないのだ。

いずれにしても、仮にその人の現在の金銭状況が実現可能にしている満足の水準が、その人の人生に対する合理的な期待に合致するものだったとしよう。これは本質的に、その人の各種活動や経験がどれだけの効用や満足を提供するかという問題ではない。むしろ、それだけの水準が提供されるということに対するその人の態度の問題だ。人が享受する満足のいく体験と、自分の人生がそれだけの満足度を含むことについてその人が満足しているかどうか、というのとはまったくの別物なのだ。

他にも十分に実現できるような状況が、もっと大きな満足を与えてくれる可能性は十分にあっても、その人はいま享受している満足の水準で完全に満足しているかもしれない。全体としてもっと大きな満足を得られる可能性が十分にあるとわかっていても、この人はそうした大きな満足を求めたくなるほどの不満や野心を感じない。自分の人生が十分によいものであり、それが可能な最大限のよさを実現しているかどうかなど重要ではないと感じている、まったく合理的な人々もいる。[*16]

何かを得ることに積極的な関心を示さないからといって、その人がそれを得たくないということにならないのは当然だ。満足した人は、それとまったく矛盾することなく、自分の状況についての改善を受け入れ、歓迎することもできる。そしてそれを改善するために、ちょっとした費用を喜んで支払うことだってあり得る。その人が満足しているという事実は単に、自分の状況を改善する可能性がその人にとっては重要でないということでしかない。言い換えると、その人が自分の状況を嫌がっておらず、それを改善しようと渇望したり決意したりもしておらず、したがってそのためにわざわざ努力を買って出たりはしないし、それを改善するよう設計された大きなイニシアチブに取り組んだりもしないというだけのことにすぎない。

27. もっと高い満足度が得られるのに、低い満足度に甘んじるなど、何も合理的な根拠があり得ないように思えるかもしれない。そこからさらに、合理性というのはそれ事態が最大化を伴うもので、人生における満足度の最大化を拒否するような人物は、合理的にふるまっていないと思えるかもしれない。言うまでもなく、そうした人物はもっと高い満足度を追求しない理由として、その追求費用が高くなる可能性が高いといった期待を挙げることはできない。というのもそれが理由であるなら、その人は結局のところ満足度を最大化しようとしていることになるからだ。だが満足度を高める機会を見送るまともな理由など、他にあり得るのだろうか？

実は、見送るきわめてよい理由があるかもしれない。それは、すでに得ている満足度の水準に満足している、というものだ。いまの状態に満足しているというのは、それを変えるのにあまり興味を示さない理由として、明らかに優れたものだ。したがって、現状の人生に満足している人物は、その改善を拒否するまともな理由がないからと批判されるべき理由などないことになる。

満足しているのがよくないという理由で批判されるべきだとは言えるかもしれない――つまり得られる最大限の満足より低いところで満足しているのは、何やら不当だとか見苦しいとか、その他何かの意味で不適切かまちがっている、という主張はできる。だがこうした批判は何を根拠に正当化できるのか？

仮にある男が、実にふさわしい女性を深く幸せに愛しているとしよう。通常はそういう場合、その男がもっといい相手をつかまえられるかもしれないからといって批判したりはしない。さらに、そんな理由で男を批判するのが不適切だという感覚は、もっと望ましいかふさわしい女性が見つかるかもしれないからいまの女性を見送ることで、その男にかかる費用が大きくなりすぎるかもしれないという信念だけに基づく必要もない。

それはむしろ、自分の人生について幸福になったり充足したり満足したりしたいという欲望は、満足できる満足度水準を求める欲望なのだという私たちの認識を反映しているのかもしれない。そしてそれは、満足度の水準を最大化すべきだという欲望と本質的に同じではないのだと私たちは認識しているのかもしれない。物事の状態に満足するというのは、それを他のあらゆる可能性よりも選好するというのと等価ではない。もし望ましいと思うものについて、少ない状態と多い状態とですぐに選択を迫られたら、その場合には少ないほうを多い方よりも選好するのは不合理と言えるだろう。だがその人は、そんな比較をせずに与えられた物事の状態に満足しているかもしれない。

自分の状況と、考えられる代替状態との間の比較を無視したり、比較を拒絶したりするのは、必ずしも不合理ではない。これはそうした比較をするのが高くつきかねないからだけではない。物事の状態に満足しているなら、他の可能性について考えるべきまともな動機がないこともあるのだ。[*17]

28. 確かに、満足しているというのは一部の人にとっては、過度の退屈や自信欠如の結果かもしれない。その人が不満も野心もないというのは、その人が単に奴隷根性の持ち主であるせいかもしれず、活力がある種のぼんやりした倦怠で鈍らされているせいかもしれない。だれかが、まるで生まれながらのように、なんでも満足してしまうことはあり得る。

だが、手持ちリソースで合理的に得られるはずの満足度より低い満足度で十分だと思っている人は、無責任でも怠惰でも、想像力が欠如しているわけでもないかもしれない。それどころか、実際のリソースで満足しようという決断――言い換えると、自分がそれだけしか持っていないという事実を積極的に受け入れようという態度の採用――は自分の人生の実際の状況や質についての、誠実で知的で深い評価に基づくものかもしれない。

こうした評価が、その人物の状況と、現実的に目指せる代替状況との客観的な比較を含むかどうかは重要でない。そうした比較は、満足というのが可能な便益享受の最大化判断に基づく場合にだけ合理的だと考えるなら必須となる。ある人は、自分の状況が満足できるていどの暮らしを可能とするかどうかに関心があり、できる限り最大限のよい生活ができるかどうかにはあまり関心がないかもしれないのだ。

その場合、その人は自分の評価をすべて人生についての内在的な評価だけで行ってもまったく問題はない。この場合、自分の状況は不満も後悔もなく、変化させたいとも思わないという認識に達するかもしれない。そして、自分自身と自分にとって重要なものについての理解に基づき、物事の現状に喜んで満足しようという状態に文句なく進むだろう。その場合の条件というのは、別に人生の状況を改善しようとしてもまともなものが何も得られないと思うために状況改善の可能性を拒絶するのとはちがう。むしろ状況改善の可能性がいかにあり得そうなものだったとしても、それが実際問題として能動的な関心を引き起こしたり、活発な興味を何も引き出せなかったりした、ということなのだ。

人々はしばしば、状況にあわせて意図や欲望を調整する。単に否定的なことを言われたからとか、苛立ちや紛争を避けたいというだけの理由から、人はあまりに小さなもので満足してしまうという危険もある。ある人が文句を言おうとしないからといって、その人の人生が完全に充実しているとか、その人がそれで満足することが合理的だとか想定するわけにはいかない。その一方で、人が状況にあわせて意図や欲望を変えたからといって、これがそれ自体として何かがおかしいという証拠にはならないのだ。

第2章　平等性と敬意

1．本書のこの部分では、平等性の道徳的価値と称するものに関する問題をさらに論じたい。私が知る限り、こうした問題について私がこれから述べることは、実現したり避けたりする社会政治的な政策の種類について、何ら中身のあることを含意するものではない。私の議論はひたすら、概念的、分析的な関心に基づくものだ。何ら社会的、政治的なイデオロギーに影響されたり形成されたりしたものではない。

2．私は平等主義が、どんな変種であれ、内在的な道徳的重要性を持つ理想だという想定を全面的に却下する。これは私が全体として、現在存在している不平等を肯定するとかそれに無関心だとか、あるいはそうした不平等を削減したり緩和したりする努力に反対したがるとかいうことを意味するものでは断固としてない。実際、私はそうした活動の多くを支持している。でも私がそれらを支持するのは、何らかの平等性が道徳的にそれ自体として望ましく、したがって何らかの平等主義的な目標が本質的に価値あるものだといった確信のためではない。それはむしろ、多くの状況において、何らかの形で平等性が高まることは、他の社会的、政治的に望ましい狙いの追求に役立つという、条件つきで実務的に根ざした信念に基づくものだ。私は、平等性そのものは何ら本質的な価値や、派生的でない道徳的価値を持たないと確信している。[*1]

3. 哲学者の中には、一部の価値あるリソースの平等な分配は、それが平等主義であるというだけの理由から、重要な道徳的善であると信じる人もいる。また、実際に道徳的な重要性を持つのは、リソースが平等に分配されるということではなく、万人が同じ構成水準を享受するということなのだと主張する。こうした哲学者はみんな、それ自体として道徳的に価値ある種類の平等性というものが存在するという点で意見が一致している。その価値は、他の道徳的に望ましい目的実現の努力を支援するにあたって平等性が持つ何らかの価値とは、まったく別物として存在するとされる。

平等主義的な理想が、何らかの平等性というのがそれ自体として道徳的に望ましいという想定に基づいている限り、経済的平等主義の道徳的な魅力は幻影にすぎないと私には思える。道徳的な良心を持つ個人の間では、平等性に基づく訴えがしばしばかなりの情緒的、レトリック的な力を持つというのは事実だ。さらに、すでに示した通り、道徳的に重要な考察が確かにある種の不平等を避けるか減らすかすべきだと示唆する状況も存在する。それでも、どんな平等性であれそれを本質的に望ましいものと考えるのは、絶対にまちがっていると私は信じる。平等主義的な理想の中で、その実現が単純かつ厳密にそれ自体のために価値あるものだと言えるようなものは一つもない。平等性を求めて苦闘するのが道徳的に重要な場合は、常にそうすることで何か別の価値が促進されるからであって、平等性そのものが道徳的に望ましいからではない。

　リソースの平等と厚生の平等に加え、他にいくつか平等性のモードを区別できる。機会の平等、敬意の平等、権利の平等、配慮の平等、思慮の平等など。私の見方では、こうした平等性のモードはどれ一つとして本質的に価値あるものではない。だから私は、それらに対応する平等主義的な理想はどれ一つとして、派生的でない道徳的な価値を持ってはいないと主張する。各種の概念的な誤解と混乱が解消されたら、平等はそれ自体としてはまったく道徳的な重要性を持たないことがやっと明らかになりそうだ。

4．社会経済的な階級が極端に階層化したときに生じる不平等な状態について言えば、トーマス・ネーゲルはこう問いかけている。「一部の人の誕生時における人生の見通しが、他人よりも極度に劣っているなどということが、悪でないはずがあろうか？」[*2]。この問いかけの持つレトリック的な力は否定しようがない。多少なりともまともな人間で、正常な人間の温かみに基づく感情の持ち主であれば、人生の見通しが最初の時点で極度に乖離していることが道徳的に容認し難く、それを平気で容認しようとするのは露骨に不道徳なことだというのは否応なく気がつくはずだ、ということになる。

だがそれでも、そんな乖離が常にそれほどひどいものでなければならないというのは、本当に議論の余地がないのだろうか？　低い社会経済階層にいる人々の人生の見通しは、ほぼずっとひどいものだったが、このお馴染みの関係が常に成立するというのは必然的な事実ではない。所有が少ないことは、結局のところ、かなりたくさん持っていることと相容れるものだ。他人よりも成績が悪いということは、成績が悪いということを意味するわけではない。

確かに、社会の最下層にいる人々は一般にひどい状況の中で暮らしている。だがこの社会的地位の低さと人生の悲惨な性質という関連づけは、物事が必然的にそうでなければならないというものではない。それは単に、歴史的にも現状でも、物事が一般にそうだという報告にすぎない。社会の底辺にいることと、貧乏であることの間に必然的なつながりはない。貧困というのが、よい生活への深刻かつ道徳的に反対すべき障壁であるというのとはちがう。

仮に、人生の見通しが「極度に劣った」人々の見通しが、実はかなりよい——他の人々の出発点における見通しほどではないにせよ、多くの正当に価値ある要素を含む人生を確保できるくらいにはよく、繊細で理性的な人々であればそれを心底満足できるものと見なすだろう——ということがわかったとする。これは私たちの懸念の質を変えてしまうはずだ。いかなる不平等も完全には受け入れられないと固執し続けたとしても、とてもよい人生の見通しと、それよりもっとよい見通しとの乖離は、この種のあらゆる乖離を「邪悪」と決めつけることで引き起こされる、道徳的な緊急性の感覚を正当化するものとは感じられないはずだ。

5．平等主義に基づく、不平等は本質的に悪なのだという糾弾は、他人よりかなり恵まれない暮らしをしている人々が、それでも絶対的にはかなりよい目を見ているということを認識した場合には、その力の相当部分を失うと私は思う。でも、その道徳的な主張を控えたところで、平等主義の立場は相変わらずずれている。不平等というのは結局、純粋に形式的な特性だ。そしてこの二つのアイテムの間の形式的な特性からは、その両者のどちらか、あるいはその両者の関係の望ましさや価値について、何一つ導かれるものはないのだ。確かに、まともな道徳的考察の対象となるものは形式的ではなく内実を伴う。問題は人々がよい生活を送れるかということであり、かれらが他人の生活にくらべて自分の生活をどう見るか、ということではない。

　仮に、他人より極度に劣った生活など、よい生活であり得るわけがないと主張されたらどうだろう。おそらくは、あるよい人生は、別のよい人生よりは劣ることは認めるだろうし、したがって単なる劣等性はその人生が必ずしもひどいことを示すものではない。さらに、ある人生は別の人生に比べてかなり劣っているという事実からさえ導かれるものではないという譲歩もさらに得られるだろう。だがもしだれかが、極度に劣るという考えそのものが、単にその人生が他人よりも劣るというのを示すにとどまらず、その人生がよい人生とよくない人生を隔てる閾値より決定的に下にあることも示すのだとこだわったらどうだろう。

　では概念的に必要な真実として、極度に劣った生活というのが例外なく悪いものだと認めることにしよう。その場合、一部の人々の人生見通しが極度に劣っているということが、確かに――ネーゲルの言うように――悪だという議論に合意するのはまったく適切となる。でも、なぜそれが悪なのだろうか？　その悪は、劣った人生が他の人生に比べてたまたま不平等だという状況にあるわけではない。一部の人が悪い人生を送るのを悪にするのは、他の人々の一部がましな生活を送っているということではない。悪は単に、悪い人生は悪いという明白な事実にあるだけなのだ。

6．だれかが手持ちリソースで満足すべきかどうか思案していたり、自分の厚生水準を評価していたりするとき、考慮すべき本当に重要なものは何だろう？　その人のやりたい評価は個人的なものだ。その人自身の人生が持つ個別の性質と関係してくる。明らかに思えることだが、その人がやるべきことは、自分の人生の道のりがどこまで個人としての能力に適合しているか、個別ニーズに対応しているか、自分の最高の可能性をどこまで満たしているか、その人自身が気にかけるものをどこまで提供してくれるかについての、現実的な推定に基づいてそうした評価を行うことだ。

これらのどの考察においても、自分の状況を他人の状況と比べて計測するのが不可欠であったりはしない、と私には思える。もちろん、そうした比較がしばしば示唆的になるのはまちがいない。自分の状況をもっとはっきり理解するのに役立つだろう。それでも、それはよくても役に立つ程度だ。問題の核心に触れるものではない。

もしある人が、自分のニーズと関心を満たせるだけのリソースを持っているなら、そのリソースはまったく適正ということになる。それが適正だというのは、他の人たちが保有する大量のリソースを追加するかどうかには関係しない。ある人物に提供される機会が、その人にとって選択できることが望ましい代替物を含んでいるかどうかは、その人の能力や関心や潜在力にどんな機会が適しているかどうかで決まる。その機会が他人に提供されている機会と一致しているかどうかには依らない。

同じ事が権利や敬意、配慮、思慮についても言える。ある人物にとって適切な権利を享受し、適切な配慮や思慮をもって取り扱われるというのは、本質的には他の人々が与えられている配慮や思慮とは関係ないし、他の人々がたまたま享受している敬意や権利とも本質的には無関係だ。あらゆる人は、その人がどんな存在であり何をやってきたかに基づいて正当に得られるべき権利、敬意、配慮、思慮を与えられるべきなのだ。その人がどこまで得られるべきかは、他の人もまたそうしたものを得られるべきかどうかには依存しない。*3

ひょっとすると、一部のものについてあらゆる人が得るべきものというのは実は同じなのかもしれない。だがもしその通りであるとしても、それは平等性が重要性だからではない。むしろそれは、万人がたまたま、または必然的に、いま考えている得られるべきものが生じる特性の面で同じだからだ——たとえば同じ人間性を持つ、苦しむ能力を持つ、目的の王国における市民である、等々。ある人物が何かを持っているとか何かを得るべきだとかいうことは——それ自体で見れば——別の人が同じものを欲しがったり、自分がそれを得るべきだと思ったりする根拠にはまったくならない。言い換えると、平等はそれ自体としては道徳的な重要性をまったく持たない。

7．が、これで話がおしまいではない。平等について、それ自体としてはまったく気にしておらず、また自分が使えるものすべてを十分に持っていることでかなり満足している人物が、一部の物については他人より少なくしか持っていなかったとしよう。不平等それ自体には反対しなくても、自分が不平等に扱われたという事実でこの人は気を悪くするかもしれない。自分の状態と他人の状態との不平等が気に入らないものと思えるのは、この差について責任を持つ存在がだれであれ、その存在がある種の敬意をもって自分を扱わなかったということを示唆しているからかもしれない。

ここで問題にしているような敬意を持って扱われることと、平等に扱われることとは、混同しやすい。でもこの両者は同じではない。私は、平等主義の道徳的な重要性を誇張する傾向が広がっているのは、部分的には人々を平等に扱うことと、敬意をもって扱うことの関係が誤解されているせいだと思っている。

平等性と敬意との最も根本的なちがいは、その注目点と意図にある。あらゆる興味深いパラメーター――それがリソースをめぐるものであろうと、厚生、機会、権利、配慮、思慮など何についてのものだろうと——平等というのは単に、それぞれの人が他の人と同じだけ持っているという話でしかない。敬意はもっと個人的なものだ。ある人物を敬意をもって扱うというのは、ここで重要になる意味では、その人物に対して、手持ちの問題に実際に関係ある個別の性質や状況の側面に基づき、その人物に個別に向き合うということだ。

人々を敬意をもって扱うというのは、特別な優位・劣位を割り当てるに際し、割り当てられた人々と、割り当てられなかった人とを区別するような考慮以外のどんな優劣もつけないということだ。だからそれは不偏不党と恣意性回避を含む。平等を気にする人は、ある重要な点で結果が区別できなくなるようにしようと狙う。これに対し、他人を敬意を持って扱おうとする人々は、その個人の特異性に個別にマッチした結果を狙う。平等に扱おうという方向性は、敬意を見せて不偏不党にふるまおうという関心の方向性とは乖離しかねないというのは明らかだ。[*4]

8．一部の状況だと、確かに平等性と敬意との要件は重なる。この重なりを曲解しないようにするのが重要だ。

ある二人について、問題と関連する類似点についても、関連する相違点についても、まったく情報が与えられていない状況を考えよう。この場合、最も自然で最も筋の通ったやり方は、この二人に同じ扱いをすることだ――つまり、二人を平等に扱うことになる。こうした条件の下だと、平等主義的な方針が考えられる唯一のものだという事実は、平等性に対する選好が――まるで――デフォルトの立場であり、別のやり方が必要だという配慮が存在しない場合には平等主義を実施しなければならないという印象をもたらすかもしれない。

多くの思想家は実際、平等主義は他の政策に比べ、推定上の道徳的優位性を持つのだと本当に主張している。かれらの見方では、平等主義的な政策の当初の道徳的優位性が、目下の状況が持つ個別特徴に阻害されない限り、平等性を保つのが常に望ましいということになる。

アイザイア・バーリンは、このような見方を提唱する一人であり、以下のように述べる。

ここでの想定は、平等には理由などいらず、不平等のほうこそ理由がいるのだ、というものだ。（中略）もしケーキを持っていてそれを一〇人で分け合いたいと思ったら、みんなにきっちり一〇分の一ずつあげた場合には、特にそれを正当化する説明は、少なくとも自動的には要求されない。だが私が均等な分割の原理から逸脱したら、それなりの特別な理由を挙げるよう求められる。[*5]

この種の説明は多くの人にとって魅力を持つ。実際、これは初歩的な常識で裏付けられると広く考えられている。だが実は、バーリンが述べている想定はまちがっている。平等性は、不平等性に対して何ら本質的な道徳的優位性を持たない。平等主義的な狙いを支持するような推定には何ら根拠がない。

もしバーリンのケーキを均等に分配するのが本当に道徳的に正しいとしても、それの説明はバーリンが想定するように、平等性に理由はいらないというものではなく、平等主義的な分配が他の代替案に比べ、初期の道徳的優位性を享受しているからでもない。バーリンが想像する状況における肝心な特徴は、バーリンがケーキを均等に分割する特別な理由もないし、不均等に分割する特別な理由もないということだ。言い換えると、この状況でバーリンは、ケーキを分かち合う人々が、均等な分け前を正当化するような形で似ているのか、ちがう大きさのケーキを正当化するような形でちがっているのか、何も知らないということだ。これらの人々について、関連情報をまったく持っていないのだ。

これはもちろん、その人々それぞれについてバーリンが持っている関連情報が、まったく同じだということを意味する。つまりは、ゼロだ。でもそれぞれの人に関する関連情報が、その他の人々についての関連情報と等しいなら——本当に何ら情報を持っていないならもちろんそうなる——その人々にちがった扱いをするのは、恣意的で敬意を欠いた行為となる。不偏不党性により、みんなに同じ扱いをするしかない。だからバーリンは、ケーキの平等主義的な分配を正当化するような理由をちゃんと持っているわけだ。人々について何も知らず、ちがった扱いをする特別な理由を与えてくれることを何も知らない場合に人々を平等に扱うよう制約するのは、敬意の道徳的な重要性であり、ひいては不偏不党性の重要性であって、平等性の事前または予防的な道徳的重要性などではない。

バーリンが描いたような場合、平等性と敬意の要件が重なったのは、単なる偶然にすぎない。こうした要件の一致が、あまり条件つきではない場合もあるかもしれない。仮に、単に人間であるというだけで、あるものを得る権利があるとみんなが合意したとしよう。こうした受益権について、個人の差は当然ながら、人の扱いを区別する関連理由を何も提供できない。というのもそれぞれの人間で関連する唯一の特性――つまりは人間性を構築するもの――は必然的にその他あらゆる人間に共有されているからだ。だから不偏不党の基準と平等性の基準は、この場合には不可避的に同じ結果を生み出すしかない。

でもこの種の例が平等性を必要とするという事実は、平等主義がそれ自体として保有するいかなる道徳的権威に基づくものでもない。むしろ、平等主義の主張は派生的なものだ。それはもっと基本的な、敬意と不偏不党性という要件に根ざしている。あらゆる人間が同じ受益権を与えられねばならないと最も根本的に告げているものは、かれらが共通して持つ人間性に不偏不党に対応するという推定上の道徳的重要性であって、独立した説得力ある目標として平等性が何やら道徳的重要性を持つことではない。

9．不偏不党性や、私が「敬意」と称してきたものは、なぜ道徳的に重要なものとなるのだろうか？　なぜ人と接するにあたり、その人々において本当に関係あることだけに導かれるべきなのだろうか？　関連するものに導かれる——したがって似たような事例を似たように扱い、関連した点でちがった事例にはちがう扱いをする——のが、合理的であることの基本的な側面であると言える意味合いが存在する。[*6] ここから、人々をこのように扱う道徳的価値は、関連しないものに頼る不合理性を回避することが重要であることから生じると示唆できるかもしれない。だが、すると、別の問題が浮かんでくるだけだ。不合理性を避けることの道徳的重要性とは何なのだろう?

10. 人々が合理的なのは望ましい。その一方で、だからといって不合理性それ自体が道徳に反するということではない。ある信念を採用したり、ある行動の方向を追求したりすることが合理性の要件に反するからといって、何らかの道徳的な義務が侵犯されたことにはならない。理由付けの不完全な人々は、単にそれだけのことで、道徳的に責められるべきだとは言えないはずだ。だから敬意からの逸脱には、それが合理性を破るものだという事実以外に、もっと即時的でもっと具体的な道徳的重要性を持つ性質があるはずだ。

敬意を欠く扱いを嫌う人々は、それがまさにその性質のために、自分たちについての真実認識拒絶を伝えるからこそそれを嫌っている。[*7] だれかに敬意を示さないというのは、その人の性質や状況の一部についての関連性を無視するということだ。敬意の欠如はその状況で、その人に関する何か重要な事実がきちんと認知されていないとか、適切に考慮されていないということだ。言い換えると、その人物はまるで、本当の自分ではないかのように扱われている。その人の人生における重要な特徴の含意が見すごされたり否定されたりしている。その人について物事がどうであるかという重要な側面が、まるで実体を持たないかのように扱われる。適切な敬意を拒絶されるというのは、まるでその人の存在自体が矮小化されたかのようになる。

この種の扱いは、少なくとも何らかの現実的な意義を持つ問題においては、当然ながらかなり痛々しい恨みの感情を引き起こしかねない。またそれは、おおむね不完全な不安の感覚を生み出しかねない。というのも、ある人物が人生の重要な要素など無意味だというような扱いを受けた場合、その人はそれがある意味で、自分の現実に対する攻撃であるかのように経験するのも自然なことだからだ。人が自分を本来の自分

筑摩選書

9月の新刊 ●15日発売

0136

独仏「原発」二つの選択

毎日新聞記者
篠田航一／宮川裕章

福島の原発事故以降、世界の原発政策は揺れている。激しい対立と軋轢、直面するジレンマ。国民の選択が極端に分かれたEUの隣国、ドイツとフランスの最新ルポ。

01641-6
1600円+税

好評の既刊 ＊印は8月の新刊

生きづらさからの脱却 ——アドラーに学ぶ
岸見一郎 いま注目を集めるアドラー心理学の知見から幸福への道を探る
01625-6 1600円+税

芭蕉の風雅 ——あるいは虚と実について
長谷川櫂 蕉風歌仙を読みなおし、芭蕉最後の境地に迫る
01627-0 1500円+税

大乗経典の誕生 ——仏伝の再解釈でよみがえるブッダ
平岡聡 ブッダ入滅の数百年後に起こった仏教史上の一大転機を描く
01628-7 1700円+税

フロイト入門
中山元 「無意識」「精神分析」の発見に始まる思想的革命の全貌
01629-4 1800円+税

メソポタミアとインダスのあいだ ——知られざる海洋の古代文明
後藤健 両文明誕生を陰から支えた、謎の「交易文明」の実態に迫る
01632-4 1700円+税

「日本型学校主義」を超えて ——「教育改革」を問い直す
戸田忠雄 選挙権、いじめ・激変する教育環境に現場からの処方箋を提案
01631-7 1700円+税

刑罰はどのように決まるか ——市民感覚との乖離、不公平の原因
森炎 歪んだ刑罰システムの真相に、元裁判官が迫る！
01630-0 1600円+税

分断社会を終わらせる ——「だれもが受益者」という財政戦略
井手英策／古市将人／宮﨑雅人 分断を招く罠の正体と処方箋を示す
01633-1 1600円+税

貨幣の条件 ——タカラガイの文明史
上田信 モノが貨幣たりうる条件をタカラガイの文明史的変遷から探る
01634-8 1800円+税

中華帝国のジレンマ ——礼的思想と法的秩序
冨谷至 なぜ中国人は無法で無礼に見える？ 彼らの心性の謎に迫る
01635-5 1500円+税

これからのマルクス経済学入門
松尾匡／橋本貴彦 現代的な意義を明らかにする画期的な書！
01636-2 1500円+税

『文藝春秋』の戦争 ——戦前期リベラリズムの帰趨
鈴木貞美 なぜ大東亜戦争を牽引した？ 小林秀雄らの思想変遷を辿る
01638-6 1800円+税

イスラームの論理
中田考 ムスリムでもある著者がイスラームの深奥へと誘う
01637-9 1700円+税

憲法9条とわれらが日本 ——未来世代へ手渡す
大澤真幸 編著 強靭な思索者による、ラディカルな4つの提言
01639-3 1500円+税

戦略的思考の虚妄 ——なぜ従属国家から抜け出せないのか
東谷暁 流行の議論の欺瞞を剔抉し、戦略論の根本を説く！
01643-0 1700円+税

＊**ドキュメント 北方領土問題の内幕** ——クレムリン・東京・ワシントン
若宮啓文 米ソの暗闘を含め、日ソ交渉の全貌を描く
01640-9 1800円+税

価格は定価（本体価格＋税）です。6桁の数字はJANコードです。頭に978-4-480をつけてご利用下さい。

9月の新刊　●9日発売　ちくま学芸文庫

エジプト神話集成
杉勇／屋形禎亮 訳

不死・永生を希求した古代エジプト人の遺した、ピラミッド壁面の銘文ほか、神への讃歌、予言、人生訓など重要文書約三十編を収録。

09733-0
1900円＋税

笑い
アンリ・ベルクソン　合田正人／平賀裕貴 訳

「おかしみ」の根底には何があるのか。主要四著作に続き、多くの読者に読みつがれてきた本著作の最新訳。主要著作との関連も俯瞰した充実の解説付。

09747-7
950円＋税

思考のための文章読本
花村太郎

本物の思考法は偉大なる先哲に学べ！　先人たちの思考を10の形態に分類し、それらが生成・展開していく過程を鮮やかに切り出す、画期的な試み。

09749-1
1100円＋税

アタリ文明論講義
■未来は予測できるか
ジャック・アタリ　林昌宏 訳

歴史は常に先を読む力に左右されてきた。では混迷を深める現代文明の行く末はいかにして見通せばよいのか。「欧州の知性」が危難の時代を読み解く。

09751-4
1000円＋税

規則と意味のパラドックス
飯田隆

言葉が意味をもつにはどういう条件が必要か？　この難題に言語哲学の第一人者が挑み、切れ味抜群の議論で哲学的に思考することの楽しみへと誘う。

09743-9
1000円＋税

価格は定価（本体価格＋税）です。6桁の数字はJANコードです。頭に978-4-480をつけてご利用下さい。

9月の新刊 ●9日発売 ちくま文庫

最高殊勲夫人
源氏鶏太

昭和のラブコメにご用心!!

野々宮杏子と三原三郎は家族から勝手な結婚話を迫られるも協力してそれを回避する。しかし徐々に気付くお互いの本当の気持ちは……。（千野帽子）

43385-5
800円+税

紅茶と薔薇の日々
森茉莉　早川茉莉 編

秘蔵の16編を含む絶味エッセイ集

天皇陛下のお菓子に洋食店の味、庭に実る木苺……森鷗外の娘にして無類の食いしん坊、森茉莉が描く懐かしく愛おしい美味の世界。（辛酸なめ子）

43380-0
740円+税

突撃！ ロンドンに家を買う
井形慶子

ロンドンの中古物件は古いほど価値がある。夢を果たすために東奔西走、お屋敷から公団住宅まで歩いて知った英国式「理想の家」の買い方。（菊地邦夫）

43382-4
840円+税

わたしの小さな古本屋
田中美穂

アルバイトを辞めた日、古本屋になることを決めた。古書店の世界と本がつなぐ人の縁、店の生きものたち……。店主が綴る蟲文庫の日々。（早川義夫）

43381-7
780円+税

幕末単身赴任 下級武士の食日記 増補版
青木直己

きな臭い世情なんてなんのその、単身赴任でやってきた勤番侍が幕末江戸の〈食〉を大満喫！ 残された日記から当時の江戸のグルメと観光を紙上再現。

43360-2
780円+税

価格は定価（本体価格＋税）です。6桁の数字はJANコードです。頭に978-4-480をつけてご利用下さい。
内容紹介の末尾のカッコ内は解説者です。

泥酔懺悔

朝倉かすみ、中島たい子、瀧波ユカリ、平松洋子、室井滋、中野翠、西加奈子、山崎ナオコーラ、三浦しをん、大道珠貴、角田光代、藤野可織

泥酔せずともお酒を飲めば酔っ払う。お酒を介した様々な光景を女性の書き手が綴る連作エッセイ集。文庫化に際し藤野可織の書き下ろしを収録。

43371-8 640円+税

ロルドの恐怖劇場

アンドレ・ド・ロルド 平岡敦 編訳

二十世紀初頭のパリで絶大な人気を博した恐怖演劇グラン・ギニョル座。その座付作家ロルドが血と悪夢で紡ぎあげた二十二篇の悲鳴で終わる物語。

43375-6 840円+税

好評の既刊

＊印は8月の新刊

ムーミン・コミックス セレクション1 ムーミン谷へようこそ
トーベ・ヤンソン+ラルス・ヤンソン 待望の文庫版!
43321-3 760円+税

巨匠たちの想像力〔戦時体制〕 あしたは戦争
小松左京「召集令状」、手塚治虫「悪魔の開幕」など傑作を収録。
43326-8 1000円+税

釜ヶ崎から ●貧困と野宿の日本
生田武志 日本の構造的な歪みを抉りだす圧倒的なルポルタージュ
43314-5 900円+税

おそ松くんベスト・セレクション
赤塚不二夫 伝説の六つ子とイヤミ・チビ太・デカパン・ハタ坊が大活躍
43359-6 780円+税

アンビエント・ドライヴァー
細野晴臣 世代を超えて愛される音楽家の貴重なエッセイ
43342-8 780円+税

なんらかの事情
岸本佐知子 エッセイ? 妄想? 短編小説? 可笑しなお話の世界へ!
43334-3 600円+税

夕陽妄語2 ●1992—2000
加藤周一 今こそ響く、高い見識に裏打ちされた時評集
43339-8 1300円+税

青空娘
源氏鶏太 昭和の人気作家が贈る、日本版シンデレラストーリー
43323-7 740円+税

カレーライスの唄
阿川弘之 若い男女が恋と失業と起業に奮闘する昭和娯楽小説の傑作
43355-8 950円+税

悦ちゃん
獅子文六 父親の再婚話をめぐり、おませな女の子悦ちゃんが奔走!
43309-1 880円+税

自由学校
獅子文六 戦後の新しい感性を痛烈な風刺で描く代表作、ついに復刊!
43354-1 880円+税

日本地図のたのしみ
今尾恵介 机上旅行を楽しむための地図「鑑賞」法をわかりやすく紹介
43361-9 780円+税

おかしな男 渥美清
小林信彦 〈寅さん〉になる前の若き日の姿を愛情こめて綴った人物伝
43374-9 950円+税

増補 サバイバル! ●人はズルなしで生きられるのか
服部文祥 生きることを命がけで問う山岳ノンフィクション
43369-5 800円+税

＊将棋 観戦記コレクション
後藤元気 編 半世紀以上にわたる名勝負と名文の出会いを厳選
43372-5 1600円+税

＊キッドのもと
浅草キッド 生い立ちから家族論まで、笑いと涙の自伝エッセイ
43370-1 760円+税

価格は定価（本体価格＋税）です。6桁の数字はJANコードです。頭に978-4-480をつけてご利用下さい。

9月の新刊 ●7日発売

ちくま新書

1205
社会学講義
橋爪大三郎／佐藤郁哉／吉見俊哉／大澤真幸／若林幹夫／野田潤

社会学とはどういう学問なのか？　基本的な視点から説き起こし、テーマの見つけ方・深め方、フィールドワークの手法までを講義形式で丁寧に解説。入門書の決定版。

06898-9
860円＋税

1206
銀の世界史
Y-SAPIX東大館世界史講師
祝田秀全

世界中を駆け巡った銀は、近代工業社会を生み世界経済の一体化を導いた。銀を読みといて、コロンブスから産業革命、日清戦争まで、世界史をわしづかみにする。

06912-2
820円＋税

1207
古墳の古代史
▼東アジアのなかの日本
大手前大学教授
森下章司

社会変化の「渦」の中から支配者が出現した、古墳時代の中国・朝鮮・倭。一体何が起ったのか。日本と他地域の共通点と、明白なちがいとは。最新考古学から考える。

06910-8
860円＋税

1208
長生きしても報われない社会
▼在宅医療・介護の真実
ノンフィクション作家
山岡淳一郎

長期介護の苦痛、看取りの場の不在、増え続ける認知症……。多死時代を迎える日本において、経済を優先して人間をないがしろにする医療と介護に未来はあるのか？

06915-3
820円＋税

1209
ホスピスからの贈り物
▼イタリア発、アートとケアの物語
金沢美術工芸大学名誉教授
横川善正

もてなしのアートに満ちあふれているイタリアのホスピス。その美的精神と、ケアの思想を深く掘り下げて紹介。死へと寄り添う終末期ケアが向かうべき姿を描き出す。

06917-7
1000円＋税

1210
日本震災史
▼復旧から復興への歩み
歴史学者
北原糸子

度重なる震災は日本社会をいかに作り替えてきたのか。有史以来、明治までの震災の復旧・復興の事例に焦点を当て、史料からこの国の災害対策の歩みを明らかにする。

06916-0
980円＋税

価格は定価(本体価格＋税)です。6桁の数字はJANコードです。頭に978-4-480をつけてご利用下さい。

でないかのように扱うとき、その人にとっては一種の自己保存がかかっている。その人の性質が否定されるとき、脅かされているのは、もちろんながらその人の生物学的な生存ではない。それは他人に対するその人の存在の現実性であり、したがって自分自身がリアルであるというその人自身の感覚の確固性が脅かされているのだ。

11. 無視されるという体験――真面目に扱ってもらえない、相手にされない、自分の存在を顕示できない、自分の声を聴いてもらえない――はきわめて深刻に不穏なものだ。それはしばしば、極度に防衛的な反応を引き出すし、その反応の強さは、実際に脅かされているその人の客観的な利害への被害規模に比べるときわめて不釣り合いなものかもしれない。こうした反応を述べた古典的な表現としては「正義が行われんことを、そのためならこの世が亡びてもいい」というものだ。

こうした規模感を欠き、ときには自滅的なほどの矯正要求は、実際に行われた不正の規模に関するじっくり考えた評価の結果ではもちろんないし、またその不正をただすために実際に必要なものの慎重な推計でもない。この要求は、人々が不正に扱われたとき――つまりその個人的な現実が、敬意に求められる重要性の否定により脅かされたとき――に生じがちな、耐えがたいほど深い苦しみと恐れから、あまり計算なしに生じるものだ。

平等性の要求は、敬意の要求とはまったくちがう意味合いを私たちの人生において持っている。平等な扱いを求める人は、自分自身の状態の現実に何が適合し、自分自身の利益やニーズのために何を最も適切かという根拠に基づくのではなく、他人が何を持っているかという根拠に基づいて自分の要求を計算している。平等性を求めるにあたり、その人自身という人間に基づく是認はない。それどころか、単に他人と平等でなければという懸念は、自分自身の個別の性質や独自の状況に基づく個別の要求の配慮ではないものに基づいて、人々が目標を設定するよう促してしまうのだ。それはそれぞれの個人が、自分のもっとも誠実な野心、つまりその人自身の人生の特徴から生じたもので、他人がたまたま暮らしている条件により課されたのではない野心の実現から目をそらすよう仕向けてしまうのだ。

言うまでもなく、平等主義的な目標の追求は、しばしば各種の説得力ある政治的社会的理想を促進するにあたり、きわめて重要な効用を持っている。だが平等それ自体がそのものとして、独立して重要な道徳的理想としての基本的な価値を持っているという広範な思いこみは、まちがっているだけではない。それは何が根本的に道徳的でありい社会的に価値あるものかを見極める邪魔になるのだ。

謝辞

本書の一部は少しちがう形で以下に発表された。

“Equality as a Moral Ideal,” *Ethics* vol. 98, no. 1 (October 1987): 21–43; および
“Equality and Respect,” *Social Research* vol. 64, no. 1 (Spring 1997): 3–15, 著作権
©1997 The New School for Social Research, 許諾を得て Johns Hopkins University
Press が再録。

注

はじめに

1. Thomas Piketty, *Capital in the Twenty-First Century* (Cambridge, MA: Harvard University Press, 2014). 邦訳トマ・ピケティ『21世紀の資本』（山形他訳、みすず書房、二〇一四）参照。

I. 道徳的理想としての経済的平等

1. 一部の人があまりにたくさん所有しすぎているという事実から生じる、道徳的、心理的な問題は研究と分析の価値が大いにある。だが本書は、あまりに少なくしか持っていない人々というもっと緊急の現象に専念する。

2. 経済的平等主義のこのバージョンは、お金の分配においては一切の不平等があってはならないというドクトリンとして記述もできる。この二つの記述は、疑問の余地なく等価というわけではない。「分配」という言葉があいまいだからだ。それは所有のパターンを指すこともあれば、配分する活動を指すこともあり、この二つの意味で「分配」を評価する際の基準には大きなちがいが生じる。

3. トーマス・ネーゲルはこう書く。「経済的平等性を、それが政治的、法的、社会的な平等を保護するために必要だからという根拠で擁護するのは（中略）平等性をそれ自体として――つまり平等性が一般的な便益を持つものとして――擁護する〔ことではない〕。だが後者は、大いに重要性を持つ、それ以上の道徳的発想なのだ。それが有効だということは、経済的平等性をそれ自体善なるものとして支持する独立した議論を提供するだろう」（"Equality," Thomas Nagel, *Mortal Questions* [Cambridge: Cambridge University Press, 1979], p. 107）.

4. 私はここで、お金の分配における平等という基準に特に注目する。これは主に、充足性基準の議論の役にたつからだ。確かに多くの平等主義者たちは、一部の他の面でも平等性が道徳的に重要だと考える。例えば厚生、ニーズの満足、機会、敬意など。私が経済的平等主義と充足性についてここで述べることは、一部はこうした他の財についても当てはまると思う。だが本論説では、それがどこまで適用できるかという範囲を確定しようとはしない。また私の見方を、最近出た他の平等主義批判と関連づけようともしない（たとえばLarry S. Temkin, "Inequality," *Philosophy and Public Affairs*, 15［1986］: 99–121; Robert E. Goodin, "Epiphenomenal Egalitarianism," *Social Research*, 52［1985］: 99–117）。

5．この主張の論述と議論は以下を参照：Kenneth Arrow, "A Utilitarian Approach to the Concept of Equality in Public Expenditures," *Quarterly Journal of Economics*, 34 注 85（1971）: 409–10; Walter Blum and Harry Kalven, *The Uneasy Case for Progressive Taxation*（Chicago: University of Chicago Press, 1966）; Abba Lerner, *The Economics of Control*（New York: Macmillan Publishing Co., 1944）; Paul Samuelson, *Economics*（New York: McGraw-Hill Book Co., 1972）, pp. 431–34; および "A. P. Lerner at Sixty," in *The Collected Scientific Papers of Paul A. Samuelson*, ed. Robert C. Merton, 3 vols.（Cambridge, MA: MIT Press, 1972）, 3: 643–52.

アロー曰く「所得分配の効用主義的な議論においては、所得の平等性は、各個人が同じ効用関数を持ち、それがすべて限界効用逓減していると仮定すれば、最大化条件から導かれる」（"Utilitarian Approach," p. 409）。サミュエルソンは次の説明をしている。「もし追加の一ドルがある人にもたらす満足度がどんどん下がり、お金持ちと貧乏人が満足を享受する能力の点で似ているとすれば、億万長者から一ドルを課税で取りあげて、それを所得がメジアン値の人物に与えるなら、失われる効用よりも得られる効用のほうが大きくなると想定される」（*Economics*, p. 164, n. 1）。

6．別の言い方をしよう。(a) n ドル目が与えてくれる、またはそれが導く効用は、あらゆる人にとって、その直前のドルがもたらす効用よりも小さい——つまり任意のドル n についてU(n)>U(n−1) となる。また(b)各種アイテムの比較効用は万人にとって同じである。

7．再分配とインフレのこの関係を（対話の中で）説明してくれたのは、コロンビア大学経済学部リチャード・ロブ教授だ。

8．「追加の新しい財の一単位ごとに、総効用の増え方はどんどんゆっくりしたものになる。これはその財を享受する心理的な能力がだんだん衰えてくるという根本的な傾向のせいだ。総効用の増分がだんだん減るというこの事実を、経済学者は以下のように記述する。ある財の消費量が増えるにつれ、その財の限界効用（あるいはその最後の一単位がもたらす追加の効用）は減少傾向を示す」(Samuelson, *Economics*, p. 431).

9. Lerner, *The Economics of Control*, pp. 26–27.

10. ここには二つの可能性がある。まず、仮に合理的な消費者の所得がnドルのときに、$G(n)$を得るかわりにそのお金を貯蓄して、そこにさらにiドル追加できるようになるのを待ち、その後に$G(n+i)$を買う。この場合、$G(n+i)$の購入を先送りにしたということは、その人がそれを$G(n)$より価値の低いものと見なしたということにはならない。

その一方で、合理的な消費者が$G(n+i)$のために貯蓄するのを拒絶し、お金をすべて使って$G(n)$を得たとする。この場合もまた、その行動がラーナーの想定するような選好を示すとは言えない。消費者が$G(n+i)$のために貯金するのを拒否したということは、単に容認可能な時間内にそれを買えるほど貯金するとはまともに期待できないため、貯蓄するのが無駄だと思っているだけかもしれないからだ。

また$G(n+i)$の効用は、$G(n)$と$G(i)$の効用合計よりも多いかもしれない。つまり$G(n+i)$を得ることで、その消費者は効用閾値を超えるかもしれない。こうした場合、合理的消費者の所得は限界効用逓減を示さない。

11. この種の条件については N. Rescher, *Distributive Justice* (Indianapolis: Bobbs-Merrill Co., 1966), pp. 28–30 で論じられている。

12. そのリソースが5単位ないと命が助からなくても、たった1単位をその人が本当に必要としているのだといっても正しいかもしれない。もしその人が何とかしてあと4単位を手に入れる可能性があるなら、これは成り立つ。するとこの1単位は、少なくとも潜在的には、生存の閾値を超えさせてくれる5単位の不可分な構成要素として見ることができる。だがその人が残り4単位を得る見込みがまったくなければ、1単位をもらったところで、いかなるニーズの満足にも貢献しないことになる。

13. ロナルド・ドウォーキンは平等性と充足性の混同について典型的な例を示している。かれは経済的平等性の理想というのが以下を必要とすると述べる。「どの市民も、他の人々が自分に欠けているものをもっと得るだけのために、コミュニティのリソースの均等配分以下をもらうことはない」。だがドウォーキンは、アメリカが現在この理想に満たない状態にあるという主張を裏付けるべく、主に不平等の証拠というよりは非充足性あるいは貧困の証拠でしかない状況を挙げる。そして「このように、私はアメリカが現在〔平等性の理想に〕満たない状況にあることはあきらかだと考える。アメリカの少数派のかなりの部分が慢性的に失業したり、あらゆる現実的な「貧困線」以下の賃金しか稼げなかったりしている」("Why Liberals Should Care about Equality," in Ronald Dworkin, *A Matter of Principle* [Cambridge, MA: Harvard University Press, 1985], p. 208)。

14. 本書後半の論説で、私は不平等を目にした時に感じる道徳的な不穏さをもたらす別の源を示唆している。

15. この論説の範囲内では、問題となるのがその人の実際の持っている態度なのか、それともその人が持つことが合理的であるような態度なのかというとても重要な問題について、どっちの立場を採ろうとも何らちがいは生じない。

16. あらゆる理性的な人物が、自分の得られる便益を最大化しようと努めている、つまり果てしなく自分の生活改善に関心があったりその可能性を受け入れたりすると想定するのは無理がある。経済的平等からのある種の逸脱は、だれかの利益に反するかもしれない。それはそれだけのものを持たないほうがその人のためになるからだ。だがそれがその人にとって、送ることが真に重要な種類の人生を送る機会を邪魔することで、その人の利害と対立しない限り、平等性からの逸脱は道徳的にまったく無邪気で容認可能かもしれない。

ある物事の状態に完全に満足するためには、理性的な人は自分がもっとよい目を見られる物事の状態として考えられるものがまったくないなどと想定する必要はないのだ。
17．これと、かなり筋の通った格言である「壊れてないんなら、直したりするな」を比べよう。

II．平等性と敬意

1．アンソロジー Louis Pojman and Robert Westmoreland ed., *Equality: Selected Readings* (New York: Oxford University Press, 1997) の序文で、編者の二人は経済的な考慮における「豊かな社会では、私たちは人々の最小限のニーズを満たす義務を持っているが、それ以上の義務はない」(p. 11) という見方を私のものだとしている。これはまったくもって私の見方ではない。本書の最初の論説「道徳的理想としての経済的平等」で、私は道徳的に重要なものとは、人々が平等な所得や平等な財産を持つことではなく、各人が十分に持つことだと述べている。「十分」と言う時、私はよい生活を送るのに十分という意味で言っているのであり（これは明確にしようとしてきた）、ポジマン&ウェストモーランドが示唆するように、単にかつかつ暮らせるだけという意味で言ったのではない。

2. Thomas Nagel, *Equality and Partiality* (New York: Oxford University Press, 1991), p. 28. 注36

3. *Inequality Reexamined* (Cambridge, MA: Harvard University Press, 1992) で、アマルティア・センはこう主張している。「社会問題に関する倫理的な理由付けは、多少なりとももっともらしさを持つためには、万人について重要と思われる何らかの水準で、初歩的な平等な配慮を含まねばならない」(p. 17)。だが「平等な配慮」とはどういう意味だろう? 若者に平等な配慮を行うというのは、その利害や受益権を考えるにあたり同じ時間や同じ努力を割くということではないはずだ。セン自身が、それは恣意性を避けるということだと示唆している。「そうした平等性の欠如は、理論を恣意的な差別を含んだものとしてしまい、擁護しづらくしてしまう」(同)。だが恣意性を避けるのは、人々を平等に扱うのとはまるで関係ない。それは人々に対してそうした扱いをするための筋の通った根拠があるということだ。ある人について、他の人より大きな配慮を行うにあたり、その両者の扱いをつがえることに筋の通った理由がなければ、それは恣意的な差別となる。そして両者にちがった扱いをすべき筋の通った理由があれば、両者に同じ配慮を与えるほうが恣意的となる。恣意性を避けるには、似た者は似た扱いをして、似ていないものはちがった扱いをしなければならない。これは平等主義的な原理でもなければ、不平等主義的な原理でもない。

4. 敬意に付与される価値は、他の価値によって却下されることもあるので、人々はしばしば自分が持っていない特性を持っているかのように扱われたり、実際には持っている特性がないかのように扱ってもらったりするのを好むことも多い――そしてその理由はきわめてもっともだったり、賞賛すべきものであったりさえする。そうした人々について、私がここで暗に述べているように、敬意を込めて扱われるのを避けようとしていると述べるのは、いささか不穏なことだというのは認識している。ありのままの自分として登場し、そのように扱われるのを避けたがるというのは、必ずではないにしても、ときには自尊心の欠如を示唆する。私はもっと適切な用語を設計できずにいる。

5. Isaiah Berlin, "Equality as an Ideal," *Proceedings of the Aristotelian Society* 56 (1955–56): 132; *Justice and Social Policy*, ed. Frederick Olafson (Englewood Cliffs, NJ: Prentice-Hall, 1961) に再録。

6．何が関連し、何が関連しないかという問題は、もちろんながら道徳的な考察に大きく依存することも多い。

7．さっき私は、人々はときどき敬意なしに扱われるのを歓迎するかもしれないと示唆した。これはおそらく、その人が自分についての真実を隠したり偽ったりする理由があるからだろう。この先で、私は敬意を欠いた扱いが実際に嫌われる場合だけを考える。

訳者解説

本書は Harry Frankfurt, *On Inequality* (2015) の全訳となる。

1 はじめに

1・1 背景

フランクファートは、道徳哲学の分野では知らぬ者のない重鎮とされている。が、もちろん、その名声はおおむねその専門分野に限られ、その外側の人々にとっては、自由意志とか愛とかいったフランクファートが扱ってきたテーマについて何か本や論文でも書こうという人でもない限り、聞いたこともない存在だった。

しかしながら、二〇〇五年になぜか刊行された(実際に書かれたのはずっと前)、題名も中身も人を食ったような（物理的に）薄っぺらい名著 *On Bullshit*（邦訳『ウンコな議論』）が、どういうわけかベストセラーになってしまったことで、フランクファートはいきなり業界の外でもいちやく有名となってしまう。そしてその後、*On Bullshit* の柳の下のドジョウを狙って（というと失礼で、むしろ Bullshit、つまりはおためごかしの無内容な言説の対極に位置するものとしての真実についてきちんと説明しようということで）*On Truth* を二〇〇六年にやはり同じ判型で出した。

本書は、判型もタイトルも、それらを踏襲したものだ。だからずいぶん遅れてきた『ウンコな議論』の柳の下のドジョウ本と言えるだろう。ついでに、これは当然ながら二〇一四年に世界的ベストセラーとなったピケティ『21世紀の資本』の柳の下のドジョウ本という側面も持つ。日本でも、ピケティの解説書は大量にわいて出たし、またそれによくも悪しくも便乗した、経済格差やタックスヘイブンに関する本もたくさん出た。そのできは本によってピンキリではあったけれど、かなり重要なピンも出たことは評価する必要がある。便乗だからといって見下す必要はない。が、いずれにしても、二つの意外なベストセラーという、二重の柳の下にいるドジョウが本書、ということにはなる。

そして、日本ではなんたる偶然か、その二本の柳の両方をたまたま同じ人間が翻訳しており、今回のドジョウについても面倒を見ることに相成った次第となる。

もちろん、本書は安易なピケティ便乗解説書とは一線を画する。原著が出たのも、アメリカでのピケティ熱が一区切りついてからかなり経った二〇一五年後半で、便乗と言えるかどうかも議論の余地があるところだ。そして内容的にも、ピケティ『21世紀の資本』の視点とはかなりちがう。ピケティの本は、世界各国の実際の不平等の状況を考え、その歴史的な経緯を分析したうえで、それが多くの問題を引き起こしている（または引き起こしかねない）ことを指摘した本だった。ところが本書は、実際の不平等の状況や現れ方は完全に無視している（これは、フランクファートがそれを重要視していないということではない。この点は後述）。そして、純粋に理念としての平等性に注目し、それが実際の現象とは完全に切り離したところで、それだけで単独で道徳的価値を持ち得るのかという、かなり抽象的な議論を展開しているのがこの本だ。

1・2　いささかの弁明

ということで、その内容について、かの『ウンコな議論』と同様にこれからいささか長目の解説を書く。ただその前に、二つ弁明しておきたい。まず、フランクファートの前回の邦訳書『ウンコな議論』につけた長い解説は、一部の口さがない人々によって「本文より長い」というあらぬ誹りを受けることになった。が、このぼくとてそこまで差し出がましいことはしていない。実際には本文よりも一〇〇字くらいは短い。

さらに、山形が必要もなくでしゃばって紙を無駄にして値段をつり上げた、という批判も散見された。が、これまた不当ではないか。『ウンコな議論』の本文はあまりに短すぎ、そのままでは物理的に本として成立しなかった。一応、背表紙のつくハードカバーの本として成り立たせるために、とにかくスペースを埋めろという編集サイドからの要望があり、それに従った結果ではある。

さて今回の解説も、本を成立させるためのページ稼ぎ的な意味合いはある。その一方で、本書は『ウンコな議論』に比べ、多少哲学度が高くなっていて、そのままではわかりにくい面がある。ぼくたちが一般に「不平等」「格差」というときには、暗黙のうちにそれに伴う想定や価値付けを行っている場合が多いのだけれど、さっきも述べた通り、本書でフランクファートはそうした部分を取り除いて、純粋に平等／不平等という概念だけが持つ意味合いについて、かなり批判的な考察を展開しているからだ。

フランクファート自身、文中でそうした点については何度か注意を喚起してはいる。そして自分が、一般に平等や格差縮小と関連が深いとされている各種の活動に好意的であることを述べ、それを支援しているとも書いている。それでも本書の書きぶりは、ヘタをすると格差縮小のための各種努力を否定し、規制緩和、生活水準が下がるのは自己責任、セーフティーネットなど不要、といった議論を支持しているかのように読めてしまいかねない。

ここでは、本書の概要を説明したうえで、フランクファートのこれまでの思想をふりかえり、その中に本書を位置づけてみる。そのうえで、本書の議論についての疑問と問題点について訳者の私見を述べたうえでまとめてみよう。

2 本書の概要

本書は、二つの部分で構成される。前半の「道徳的理想としての経済的平等」と、後半の「平等性と敬意」という部分だ。

この前半は、わかりやすく言うと、所有の平等、経済的な平等についての考察となる。そして後半のほうは、平等な扱いを受けるという社会的待遇の平等に関する考察だ。

2・1　第1章：経済的平等への批判

前半でフランクファートは、自分の道徳哲学の立場から、過度な経済的平等主義へのこだわりを否定する。主張は単純明快。平等それ自体にはまったく道徳的価値はない。それを見失ってしまい、平等自体に価値があるように思ってしまう最近の風潮はきわめて危険で有害である。なぜかというと、平等にばかりかまけると、他人やまわりのことばかり気にすることになるから。もっと自分として何を本当に求めているのか、心にきちんと聴け！　それこそが本当に重要なことだ。平等へのこだわりは自分の心が本当に求めるものから目をそらしてしまうので、それを妨害するからよくない！

他人との比較ばかりせず、自分の心に耳を傾けろ、というのは、多くの人がうなずくことだろう。その一方で、平等それ自体にはまったく価値はないという主張には、首をかしげる人も多いはず。どういうことだろうか?

ぼくたちがいまの日本や世界の状況を見て、不平等はよくない、格差の拡大がよくない、というとき、実はそこで問題にされているのは格差そのものじゃない。格差社会だという批判の中身を見ると、若者が貧しくて結婚できない、奨学金を返せない、保育園がない、といったものになることが多い。

確かにこうした現象は問題だ。でも、ここで問題にされているのは純粋な意味での格差や不平等ではない。むしろ、経済的な不平等の結果として生じた、底辺層の貧困が問題となっている。それなら……問題は不平等ではないし、価値があるのは不平等の解消ではない。貧困が問題だ。だから、格差や不平等(そしてその拡大)が問題だというのはミスリーディングだ。貧困が問題だというべきだ。下のほうの貧困が解決されたとき、格差や不平等を問題にすべき理由はあるんだろうか、とフランクファートは問う。

さて、これ自体は目新しい議論ではない。問題にすべきなのは格差ではなく、貧困なのだという主張は、『21世紀の資本』が話題になったときに、その批判としてたくさん見られたものだ。さらに実はピケティ自身も、格差そのものが問題ではないことは認めている。最大の問題は貧困だろう、と。そうは言っても、現代においては、格差解消が貧困の改善ももたらすことをピケティは指摘している。

フランクファートも現実的には、不平等や格差の削減を目指す多くの活動が有意義な成果を挙げ、重要な目標の達成に貢献していることを認めつつも、あくまで哲学的、概念的な議論として、これは別の話なのだと主張する。貧困はよくない。でも不平等や格差は、それ自体としては何もいけなくないし、平等ということには何ら価値はない！

でも貧困以外でも、不平等にはよくない面があるはずだ。ピケティは『21世紀の資本』の中で、社会の富裕層とそれ以外との間に、社会的な地位、教育、所有、機会、その他ありとあらゆる面で大きな断絶が生じてしまうことが不平等拡大の大きな問題だと述べている。その結果として社会的な一体性が阻害され、民主主義の前提である万人の社会参加という理念自体が意味を失ってしまう、と。

確かにその通りかもしれない、とフランクファートは述べる。でも……それもさっきの貧困と同じだ。そこでの本当に問題とされているのは社会的機会とか社会の一体性、民主主義とその理念の維持だ。平等とか格差そのものが問題になっているわけじゃない、と。

さて訳者には、これはかなりわざとらしい議論に思える。社会的な地位・待遇の差や機会の差というのは、まさに不平等や格差そのものだとぼくには思える。確かに厳密にいえば、収入や資産に差があるからといってそれが社会的な地位や待遇や機会の差につながる必要はないと強弁できなくはない。が、かなり苦しい強弁ではないだろうか。が、本当に狭い抽象的な意味では、そう言えなくもないのかもしれない。そしてフランクファートはその狭い抽象的な意味を押し通す。

2・2　収穫逓減に対する批判

そしてその後にずっと展開されるのは、収穫逓減に基づいて平等に効用最大化という価値があるのだという、経済学的な議論の批判だ。

収穫逓減というのは、お金のありがたみが貧乏な人とお金持ちとはちがうよ、という議論だ。年収二〇〇万円の人にとって、一万円は実にありがたいものだけれど、年収一億の大金持ちにとって、一万円なんてはした金だ。つまり、貧乏な人のほうが、同じ一万円でも高い効用を持つ。すると、一万円なんてどうでもいいお金持ちからそれを召し上げて、貧乏な人にあげれば、お金持ちは痛くもかゆくもなくて、貧乏な人は大喜び。つまり社会全体のみんなの幸せは大きく増えるはずだ。すると、平等化したほうが社会全体の幸せ＝効用は高まる。

これは経済学ではきわめて標準的な議論だ。でもそれをフランクファートは否定する。収穫逓減なんて嘘っぱちで、いくら消費しても満足が減らないものはある、経済学者の議論は根本的におかしい。よって、収穫逓減の議論を使っても、平等がそれ自体としてよいとか価値があるとかいう議論はまったく成り立たない！

2・3　平等よりも心の充足性

いや、価値がないだけではすまない、とフランクファートは論じる。そういう本質的な価値を持たない平等にばかり注目するのは、むしろ積極的に有害なのだという。なぜか？　平等・不平等というのは、基本的に他人との比較においてしか定義できない。本当にぼくたちにとって重要なのは、自分にとって十分なものを得ることだ。そして、何が十分であるか、というのは自分にしかわからない。

ところが、格差が問題だ、不平等が問題だ、という最近の風潮は、何が十分かという基準を自分自身に問いかけようとしない。他人との比較に頼ってしまう。そしてそれは、自分にとって何が十分なのか、というのをじっくり考えてみることの放棄につながってしまう。自分にとっての充足性を考えることこそが本質的に重要なのに！

2・4　第2章：平等主義全般の批判

そしてこの第1章を受けて、フランクファートは第2章で、平等主義全般の疑問視というもっと大きなところに移る。人権の平等は本当だろうか？　人は本当に平等に扱われるべきなのか、それともある程度の敬意をもって扱われればいいのか？　平等が自然であり、そこからの逸脱こそは説明責任があるというのは本当か？　重要なのはその人の個々の状態についての配慮に基づく適切な敬意ではないのか？

平等主義というと、ちょっとむずかしい。この二章はすでに述べたように、第1章の物質的平等という視点に対し、社会的待遇の平等をめぐる議論だと考えるとわかりやすい。

ここでもフランクファートは、平等主義、または平等な待遇それ自体に価値がある、という議論を否定する。なぜかというと――人はいろいろちがうからだ。あらゆる人にまったく同じ待遇をする必要はない。貧乏でも気にしない人もいる。権利も平等でなくていい。人によっては一部の権利なんかいらないという人もいる。平等な扱いをすることが絶対的にいい、という場合は存在しない。あったとしても、それはそこで対象にしている人々がそれなりに均質だから同じ扱いが正当化されるにすぎない。

そしてここでも、フランクファートは第1章と類似の議論をする。本当に重要なのは、人々が敬意をもって扱われることだ。つまりそこでの状況に関係ある自分の固有の条件だけを根拠に、個別に扱われることだ。

でも多くの人はこれを聞いて疑問に感じることだろう。多くの場合、人は平等な扱いを求めますけれど？　平等でないと「不公平だ」と怒ったりしますけれど？

フランクファートに言わせると、それは実は本当に平等を求めているわけではない。そうした人々は、自分が無視されたり、ハブられたり、自分の固有の条件に応じた対応をされないことに対して怒っているのであって、本当に平等な扱いを求めているわけではない、という。多くの場合人が平等を求めて怒ったりするのは、たまたまその状況において、その人たちの「固有の条件」がある程度均等で、平等に扱うのが適正だから、なのだ。でもそれは、平等そのものに価値があるとか、常に何でも機械的に平等に扱うのがよい、ということにはならない！

そしてフランクファートはここで、第1章と同じ議論をする。平等というのは、その人の個別の条件を完全に無視したものだ。それに過度にこだわることは、人々の個別性を無視し、ひいては敬意ある待遇を否定することになりかねない。でも、本当に社会として道徳的に重要なのは、その個別性に基づく敬意のほうなのであり、それについてきちんと考えることなのだ！

2・5　まとめ：本書の論点整理

おおむね、以上の議論は、次のようにまとめられるのではないか。

- 平等はそれ自体としては価値がなく、一般に言われる平等の価値はそれに伴う付随的な現象が持っている価値でしかない。

- 重要なのは、人々がそれぞれの個別性に基づいて、物質面でも待遇面でも十分なもの／扱いを得るということである。そしてその個別性は、基本的には人々の内部にある。
- 平等は他人との比較に基づく概念である。これは、己の内部にある個別性から目をそらしてしまう！

では、なぜフランクファートはこういう議論をしているんだろうか。これはかれのこれまでの業績とどう関係しているんだろうか。そもそも、フランクファートというのは何者？　その基本的な業績とは何だろう？　それを以下で少し見てみよう。

3　ハリー・フランクファートの思想

さてこれからフランクファートの業績について簡単にまとめるわけだが、まず、その相当部分は『ウンコな議論』解説の焼き直しだということはお断りしておく。また、これはフランクファートの専門家によるきちんとした議論ではなく、訳者が付け焼き刃なりに勉強したものを自分なりの解釈でまとめたものにすぎない。この点はご注意いただきたい。

ハリー・G・フランクファートは、すでに述べたとおり一般には道徳哲学の重鎮とされている。現在プリンストン大学の名誉教授だ。昔からなんにでも興味があったため、一番制約の少ない、どんなことでも対象にできる学問分野に進みたいと考えており、その結果としてどんなことについても考察できる哲学に進んだ、とはご当人の言である。

哲学に手を染めた一九六〇年代には、デカルトの合理主義に関する研究で評価された。でもその後、神の全能性といった問題に関心を移し、やがて道徳的責任や自律性の問題を扱うようになり、この分野で大きな貢献をしている。中でも最も有名で影響力のある業績は、自由意志と責任の問題に関する考察となる。

3・1 自由意志と道徳的責任

一般的に言って、ある行動について人に道徳的責任があるとはどういう意味だろうか? 人の自律性とはどういうものだろうか? 一般には、選択肢が複数あってその中からその人物が自由に選んだ場合にのみ道徳的責任が発生すると考えられている。他に手段がなかったら、何かをやっても道徳的な責任はない。実際問題として「やむを得なかった」「他にどうしようもなかった」といった場合には、通常は処罰をまぬがれる。相手を殺さなければ自分が殺される、という場合には、殺人罪は問われない(場合もある)。洗脳や催眠術下にあったり、脳にリモコンを埋め込まれたりして、外部からの司令通りにしか行動できない人の行動には、道徳的責任はない。善行も悪行も可能、さてどうしようか、という選択の部分に道徳的な判断が介入する。地震で家が倒壊して人が死んだ――かつてはそれは道徳的な責任問題にはならなかった。でも家を耐震構造にする技術があり(あるいはいずれ、地震そのものを回避する技術ができた場合でもいい)、死を防ぐ行動をとり得たなら、そのとき初めて道徳的責任を云々する余地ができる……これが一般的な考え方で、「他行為可能性原理」(PAP)と呼ばれる。そしてこれは、自由意志と因果的決定論が相容れないという非両立主義の基本的な根拠とも言われる。

でもフランクファートはこうした「選択の余地がないのに/いや選択の余地がないからこそ、その人に責任がある」という状況をいくつか考案して、この立場に反論して見せた。簡単な例としては、ぼくは今日、会社の食堂で生姜焼き定食を注文するつもりだったとしよう。さて、たまたま今日は仕入れの関係で、会社の食堂で提供されていたのは生姜焼き定食だけだった。この場合、ぼくは厳密にいえば、今日は生姜焼き定食を注文する以外の選択肢はなかった。でも、だからといってぼくに生姜焼き定食を注文した責任はないと言えるだろうか。そんなことはないだろう。もともとそれを注文するつもりだったんだから。もちろん、生姜焼き定食の注文にどんな責任が発生するのかはよくわからないことではあるけれど、フランクファートの実際の例はもう少し周到だ。これらはフランクファートの事例、またはフランクファートの反例と呼ばれる。

これが重要なのは、哲学では自由意志があるのかないのか、というのが結構大きな問題だからだ。この世の中はもちろん物理的に構築され、多くの物事はちゃんと原因があって起きる。でも、ある状態が原因となって次の状態が必然的に生じるなら、自由意志なんてものの存在の余地はないんじゃないか？　つまり因果律による決定論的な立場と、自由意志とは両立しないんじゃないか？　これが非両立主義と言われる考え方だ。

でも、フランクファートの事例では、選択の余地がなくても、自由意志は作用していることになる。因果律による決定論と自由意志は両立できる！　これにより、フランクファートは両立主義の重要な論客となった。

そしてもっと重要なことがある。そもそも自由意志の自由ってなんだろうか、ということだ。フランクファートの反例めいた、別の話を考えよう。たとえば、嘘をつくことはよくないことだと心底信じている人がいたとする。この人は、どんな状況にあっても――脅迫されても金を積まれても――嘘をつくことが一切できない。嘘をつこうかつくまいか、いろいろ計算の結果として本当のことを言おうと判断するのではない。とにかくほとんど生理的に嘘がつけない。別に頭が悪いわけではない。ここは絶対に嘘をついたほうが人命が救われるとかいった場合には、それがちゃんとわかる。

だが、それでも手が震え、舌が凍りついて嘘がつけない。そういう人がいたとする。
さて、この人が本当のことを言ってしまったためにだれかが死んでしまったとする。まあ、悪人に追われている人の居場所を馬鹿正直に教えてしまったとかいう場合があるかもしれない。さてこの人は、他に選択の余地がなかったんだから道徳的責任がないと言うべきか？　テープレコーダのように、本当のことを言う以外の選択肢がない、自律性のない存在だと言えるか？

そうではない、というのがフランクファートの議論だ。この人の場合、嘘がつけないこと、嘘をつくという選択肢を持たないことこそが道徳的責任の存在を示す。この人は、ある時点で嘘をつくべきではないという選択を行い、自分自身を嘘がつけない状態へと追い込んでいった。選択肢がないということ、どんな合理的な計算結果があっても、一つの選択しかとれないということ、それこそがこの人物の道徳的判断の賜物なのであり、まさにその人物が自分を律していることを示すものである。したがって複数の選択肢がなければ道徳的責任や自由意志がないという考え方はまちがいであり、場合によっては選択肢がないことこそその人物の自律性であり自由意志なのだ、とフランクファートは論じた。

さてこの意見に賛成しない人も当然いるだろう。しかしながら、フランクファート的な考え方も成り立つ余地は確かにある。どんな脅しにも屈しない強い信仰や信念を抱いた人物は、たぶんその信仰や信念について道徳的な責任を喜んで引き受けるだろう。一方であらゆる場面で融通無碍にどんな選択でもできるのが自律性か？　それはただの無定見な日和見だ。そこに合理的判断が作用するにしたって、なんでも損得勘定に従って選択するなどというのは、まさに損得勘定に操られた自律性の欠如ではないか。

そもそもある立場に自分を追い込むこと自体がある種の長期的な損得勘定に基づいた行動ではないのか？　これを進化論的な発想と整合性のある形でまとめたのが拙訳

によるデネット『自由は進化する』（NTT出版）であり、そこでもフランクファートの議論に多少の言及が見られる。が、自由意志をめぐるこの問題は、ここだけで論じきれるものではないので、ここではおいておく。

3・2 高次意志の重要性

さて、こうした議論を経て、最近のフランクファートは実用的な規範性の問題を扱うようになっている。要は、「人はいかに生きるべきか」という問題に正面から応えようというわけである。これに対する答はいろいろあるわけだが、この問題に対する哲学分野からの（一つの）答が道徳である。道徳というのは、まさに人がどう生きるべきかという議論に他ならない。が、フランクファートはこれまでの道徳というものが、実用的な規範をきちんと提供してくれない、と論じる。

なぜかといえば、これまでの道徳は一般性や普遍性を重視してきたため、不偏不党の大原則をふりかざすような話になりがちだったからだ。だが、「人はいかに生きるべきか」という問題を人々（たとえば不肖の訳者や読者諸賢）が実際に考える状況というのは、そうした一般性や普遍性では片付かない、きわめて個人的で個別性の強い問題に直面したときだからだ。人は普通にゴミを出したり顔を洗ったりするときに「人はいかに生きるべきか」なんてことを考えたりはしない。こんな話が問題になるのは、その人が何かジレンマ――大きな道徳的な原則と、家族や友人への配慮との板挟みなど――に直面したときしかない。そこで原則を改めて唱えたところで、なんの助けにもならない。そんな道徳は実用的な規範の問題には十分に応えられない。合理性に基づいて矛盾のない体系を作り上げることで、人や社会にとって望ましい合理的な規範ができるという発想を、フランクファートは否定する。

では、そうした規範を与えてくれるのは一体何なのか？　フランクファートは意志だと述べる。意志というのは、ここでは欲望や願望と同じだ。もちろん食欲や性欲その他の欲望は人間以外の動物にも（たぶん）ある。だがフランクファートに言わせれば、人間にとって重要なのは、その次の段階なのだ。人はどんな欲望を持ちたいかという欲望を持つ。人間は、人を殺したり物を盗んだりすることもある。だが、人を殺したい、盗みたいと思ってしまう自分を恥じたりする。自分がそういうことを望む人間になりたくないと思う。それが人間の特色であり、その欲望についての欲望または意志こそが、人のアイデンティティ――その人が何者であるか――を規定する、とかれは述べる。

フランクファートはこれを二次的な欲望と呼んでいる。欲望についての欲望だから、人によってはメタ欲望とでも呼びたくなるかもしれない。あるいは、高次の意志という言い方もある。これが、フランクファートの議論の中心となる。

たとえば道徳的責任の話で見よう。この解説を締め切りに間に合うように書いて約束を果たしたい、という欲望がこの訳者には一応あり、その一方で怠けてゴロゴロしていたいという欲望もある。このとき、前者の欲望に従うような人間でありたいという二次的欲望を持つことが道徳的責任の議論では重要だ。もちろん、約束を守りたいと思いつつ、ついつい怠けてしまう人は（この訳者を含め）たくさんいる。しかしそれは道徳的責任において、約束を守りたいと思っていない人間とは扱いがちがう。

さらに意志の自由（これが自由意志と同じか、というのは微妙なところではある）。自分のやりたい通りに行動できるのが、行動の自由である。同様に、意志の自由というのは自分の持ちたい意志（つまり高次意志）を持てるということだ。自分の持ちたい意志が持て、自分の取りたい行動が取れる人間こそが最大限の自由を持っている。そしてこの意味で、さっき挙げた絶対に嘘がつけない人は、嘘をつく人間でありたくないという高次意志に忠実に従えている以上、自由意志に従っていることになる。

3・3 道徳と規範：愛と気遣い

でもそれを言い始めたら、高次意志についての意志、さらにその上の意志、と無限後退ができてしまってきりがない。では、最終的にどう生きるべきかを決めるのは何か？ それは……何かを大事に思うという気持ちだ、とフランクファートは論じる。それを愛と呼んでもいいだろう。愛、というと日本語ではロマンチックな連想が強いが、ここで言われているのはそういうものではなく、昔キリスト教の宣教師が「お大切」と訳したような、何かを気にかける感情全般だ。何かを大切だと思うのは、必ずしも理由があるわけではない（別にあってもかまわないが）。そしてそれ自体はコントロールできない。何かを大切に思うなら、それを保存繁栄させるためには自分がどういう欲望を抱かなくてはならないかは自然に決まってきてしまう。つまり愛にこそ、実用的な規範性の源泉があるのだ、とフランクファートは論じている。まちがったものを愛してしまうことはある（たとえば放火大好きとか幼女性愛大好きとか）。その場合、そうした愛と他の愛（たとえば社会的な受容への愛）とが争うことになるが、それもまた内発的な理由同士でどう白黒をつけるかという話になるのであり、外部の規範があるからそういう欲望はまちがっている、ということにはならない。

そしてそれを認めたとき、人はもう、なぜ自分はこうすべきなのかとか、ああすることは正しいのか、といったことを考える必要がなくなる。別に外部に何か規範や原則があるから何かをすべきなのではない。好きになったらしょうがないではないか。何かが大切だと思うのは止められないではないか。それを外部の理由づけであれこれ左右しようとするから哲学は迷い、不毛に陥ってしまうのではないか。すべては自分の中から発するのだ、ということを認めようではないか！　たとえば放火魔に対し、放火はXX原理から演繹してよろしくないことになるのだ、と説いても仕方ない。X原理なんざ知らねえよと言われればそれっきりだ。でも、放火魔にも、社会的に受容されたいという願いもある。放火魔のやるべきことは、放火への愛と、それとはたぶん相容れない社会受容への愛とを比べて、どっちが自分にとって重要なのか、自分はどっちを取るのか、と考えることなのである！

もちろん……これの有効性は疑問ではある。その放火魔がそうした考察のあげくに、おれは放火のほうが好きだぁと決めてしまったら？　哲学的にはそれで結構なのかもしれないが、社会的にはいい迷惑である。またこの議論自体について、それがどうした、という疑問は当然抱かれるべきであろう。フランクファートのような考え方はあるだろうし、それはそれで結構。でも一方で、それはフランクファートがそう思っているだけであって、別に証明も何もしようがない。さらに、それが仮に証明されたとしても、それになんの意味があるのか？　そんなことは哲学者があれこれ言うまでもなくみんな自然にやっていることではないのか。それもまさにその通り。だが一部の人はこうした発想に救いを見いだすかもしれない。自分の行動の根拠を外部の何か基準に求めようとし、整合を取ろうとする無駄な努力から解放され、迷いを抜け出して真に意味のある内省に向かえることになるかもしれない。この評価については、読者諸賢それぞれの手にゆだねるしかあるまい。さらに、こうした議論が哲学の分野においては新しい視野を開くものであったことは言うまでもないが、その背景までの解説となると、与えられた紙数で可能な範囲を超えてしまう。

4　本書の位置づけ

では、この話が本書の平等／不平等議論とどう関係するのか？　それは人々の内心の欲望や高次意志と関係してくる。

フランクファートが本書で、不平等の過度の重視を批判するのは、それが基本的には他人と自分を比べる行為だからだ。不平等を重視し、それを是正しようという活動は、常に他人を基準にして、自分の状態を改善する（または他人を引きずり下ろす）ことが必要になる。

でもフランクファートの立場からすれば、これは倒錯だ。もちろん、自分の状態を改善したいと思う――そして改善しようと動く――のはまったく責められるべきことではない。でも、それは自分自身の基準にしたがってやるべきことだ、とフランクフアートは主張する。自分が本当に何を求め、必要としているのか——それは他人との比較で決まるものではなく、自分自身の問題として、自分で考えるべきだ。物質的にも、待遇面でも。その基準は、あらゆる人ごとにちがうはずだ。それを、他の人々との比較に預けてしまうのは望ましいことではない。

文中で、フランクファートがなにやら道徳的な判断の基準としての大原理を疑問視していると述べた。平等主義というのも、おそらくフランクファートにとってはそうした大原理の一つだ。繰り返すが、かれも平等を目指す理念や活動がよい結果を生んできたことは否定しないし、いまもそれを積極的に支援しているという。でも究極的には、それにばかり教条的にこだわることは危険だ、というわけだ。

これで、かれの主張はおおむねご理解いただけただろうし、また本書の主張がその中にどう位置づけられるかもわかっただろう。

が……それに納得できるだろうか？

5　フランクファート的平等批判論への疑問

もちろん、納得できるかどうかは読者のみなさんの立場次第。ただあくまで私見ながら、本書の主張は抽象的な理屈としてはそれなりに成り立つ余地はあるものの、実際に不平等や格差に関する議論として説得力あるものか、あるいは実際に人々にとって本当に意味があるといえるものなのかどうか。

5・1　純粋な平等だけを考えることに意味はあるのか？

まず本書の議論は実に哲学者らしく、非常に抽象度が高い。本書で議論されている平等というのは、ぼくたちが日常的に求める平等とは、少しちがう。

まずそれはきわめて純粋な、他の付随的な意味合いをまったく持たないものだ。ぼくたちが不平等はいいとか悪いとか言うとき、それはある具体的な状況を想定してものを言っている。不平等を解消すべきだとか格差を低減すべきだとか言う時、ぼくたちはそのある具体的な状況の改善をイメージしている。ところがフランクファートが本書で考察しているのは、そうした具体性はない。他のあらゆる条件がまったく変わらないとして、人々が（ある特定の面で）平等になったらそれがよいことだと言えるか、という話だ。だから本書でフランクファートはしきりに「平等がそれ自体として」「不平等そのものが」という表現をする。そして、それに伴う変化については、すべて付随的な副次的なものであるとして棄却してしまう。

たとえば格差が広まると、上層部と下層部との利害がずれてきて、社会のまとまりが薄れ、民主主義が機能しない、というのは格差の弊害であり、平等性促進の一つの理由だ。でもフランクファートは、そこでの議論で本当に価値があるのは社会のまとまりとか民主主義の機能であって、平等ではない、と言う。

でも、それを本当に棄却できるんだろうか。人間の平等（たとえば金銭面での平等）を社会のまとまりなどとまったく切り離すことに意味はあるんだろうか。概念を狭くとらえようと思えば、いくらでも狭くとらえられるだろうし、それによって話をいくらでも限定できる。そこから、平等そのものに価値はないとは言えるかもしれない。でもそれは、単にその概念を狭く定義した結果でしかないのでは？

5・2　実証的な検討の不在？

また本書の第1章では、短い論説の半分ほどが、経済学での収穫逓減の議論に対する批判に使われている。さっき述べたように、同じ金額でもお金持ちより貧乏人のほうがありがたみが大きいという、常識的な議論の根拠となるものだ。そしてこれは通常、同じものをたくさん与えられるとだんだんありがたみが減る、というよく見られる現象に基づいている。のどが乾いているときに、最初の一杯の水は死ぬほどうまい。でも次の一杯はそれほどでもなく、次の一杯はさらに満足度が減り、四杯目だと、もうたくさんだと思ってしまう。ほかのどんなものでも、たいがいはそうなるだろう、ということだ。

確かにバナナは一〇個食えば腹一杯になるので満足度は逓減するかもしれない。でもお金は、バナナに飽きたらリンゴ、リンゴに飽きたらTシャツ、と何でも買えるから、その収穫は逓減しない……かもしれない、とフランクファートは本書で主張し、平等がよいことだという議論を否定する。

でも、ここにフランクファートが哲学者故に弱い部分が出てしまっているのではないか。つまり抽象的な議論で解決できないことを、空論だけで片付けられると思ってしまうこと、さらにあらゆる場合に完全に厳密に適用できないというだけで、おおざっぱには蓋然性のある議論すべてを否定してしまうという有害な潔癖症という部分だ。

確かに、お金の収穫は逓減しないかもしれない。でも、するかもしれない。それについては、あーだこーだと議論はできる。でも結局のところ、それは抽象的にいくら議論しても水掛け論で、実証的に決着をつけるしかないのでは？　そして実際に、豊かさと幸福度とか、満足度とかの相関を見る実証的な調査はそれなりにあるし、豊かになると追加のお金のもたらす満足度の上がり具合が下がるという結果もおおむね確認されている。ある水準を超えるとまったく上がらなくなるという結果もあれば、いや、すこしは上がるという人もいるけれど、収穫逓減自体はそんなに疑問視しなくてもよいのではないか。少なくとも、一般に平等性や格差低減を目指す議論で問題にする、ある程度の社会的なまとまりのレベルで見れば、だいたい成立していると言えるのではないか？

個別性を強調する議論でもそれは言える。人はそれぞれちがう。満足度もちがう。モノで得る効用もちがう。だから収穫逓増とか、それが社会全体で増えるとか減るとかいう議論なんて成り立たないだろう、とフランクファートは言う。また一部の収集品では最初の一個よりコンプリートしたときの満足度のほうが高いといった話をフランクファートは持ち出す。確かに、それは一理ある。が一理しかない。人は確かに個別性がある。いろいろちがう。その一方で、しょせんは人間だ。ある程度の共通性はあって、個別性は統計的にみれば均されて処理できる面が大きいんじゃないだろうか。

ぼくの効用とあなたの効用を足したりできない、という主張も、趣旨はわかる。社会全体の効用を総和できない、という主張も、言いたいことはわかる。でもその一方で、社会全体のそうした動向を一切考えることができないというのは、これまた別の極論ではないのか?

するとと社会全体の話をしているとき、こういう話は収穫逓減の議論を完全に根底から覆すもの、なのだろうか。それともときどき生じる例外的な事例なんだろうか。フランクファートは、収穫逓減がまったく成り立たないとまで言い切る。ぼくは、そんなことを言い切れるほどの議論をフランクファートが提示できているとは思えない。むしろ、重箱の隅つつきであり、揚げ足取りとさえ思う。

5・3 内面的な充足に社会的に対応すべきか?

後半の議論に関しても、その状況に関係あるその人固有の性質を考慮した個別の対応、という後半での主張も、理念としてはわかる。が、それって具体的に何? 特にこの人の「固有の性質」というのはかなり内面的なもののようだ。それがなんであるかはその人本人にしかわからない。さらに多くの人々の自己認識（たとえば駅やコンビニでごねている高齢者）を見ると、そんなものをいちいち考慮しないほうが社会のためにも本人のためにもよさそうだ。

まじめに扱ってもらえない、相手にされない、ハブられるというのが深刻だというのはわかる。平等がいま重視されているのは、一部の人がハブられるよりは、みんな機械的にではあっても平等に扱ってもらえるほうが、少なくともみんな相手にしてもらえるという意味で進歩だから、という議論もわかる。でもだからといって、平等というものにまったく価値はないと言えるのか？ これもまた、概念を狭く定義することでなんとなくもっともらしい印象が出ているのではないか。平等な扱いという中に、ハブにされないという実用的な概念まで含まれるかどうかという、非常に抽象的な議論ではないかという気もする。

結局のところ、本書の議論は「平等」をきわめて狭く、抽象的に定義している。もちろん哲学分野の議論としては、そういう極端なことを考えるのは意味があるのかもしれない。が、実際面で意味があるんだろうか。

それどころか、ぼくはフランクファートの議論自体が、ちょっと危険だと思う。

5・4　本書の危険性：内面の充足性重視と「我慢しろ」

そもそも「平等は重要ではなく、問題なのは貧困だ（つまり本書でいう十分でないことだ）」という議論は、ピケティ『21世紀の資本』が話題になったときに反論として大量に出てきた。でもそうした主張の多くは、その本当の問題であるはずの貧困削減を実際に目指すものだっただろうか。

実はちがう。ピケティは『21世紀の資本』で、格差の拡大と底辺の貧困が不可分であることも論じている。ただしかれは今後世界が低成長時代に入ると予想している。つまり、経済のパイがあまり増えない。だったらその中で格差が広がるということは、必然的に上の階層が豊かになるために、下の階層を犠牲にすることになる。すでに貧困な人々は、ますます貧困になりかねない。だから、ピケティたちの格差の低減は、貧困を軽減するための低減でもあった。

でも、それに対する批判として「問題は格差ではなく貧困だ」と主張した人のほとんどは、単にそれをピケティの主張した各種の対策を否定するためだけに述べていた。それにかわる貧困削減策はほとんど出てこなかったし、むしろ「いや金持ちにもっと儲けさせて格差を拡大させれば世界が豊かになって、貧困も解決する、よって何もしなくてもいい」という無為無策を正当化するために、「問題は格差ではない」議論が使われていた。フランクファートの議論も、いかに純粋に抽象的な議論だと主張したところで、そうした濫用につながってしまうのではないか。いまの現実の世界では、経済的な格差と貧困はほとんど不可分になっている。それを無視して平等だけを議論する、ということ自体がむずかしいのではないか。

いや、フランクファートの議論はさらに危険かもしれない。かれは、貧困を問題にしているわけでさえない。何をもって本当に問題となる貧困とするかどうかは、人によってちがうからだ。人によっては大邸宅に住んでも心満たされず、人によっては方丈の庵でも豊かだ。つまりそれは充足性の問題であり、その基準はそれぞれの人の心の中にあるのだ、という。

これまた理念としてはそうだ。他人と自分を比べたりせず、自分は本当に何を求めているのか、己の心にききなさい——この主張自体は一理ある。金持ちな方々の、見栄張り競争とかお子様のお受験競争といった、豊かな人々の虚飾をたしなめる主張であれば、こういう物言いは有効かもしれない。

でも、歴史的に見て、こうした物言いは真に状況を改善するよりは、むしろ貧乏人に対する慰撫や、果ては為政者／権力者の現状肯定のレトリックとして、宗教などを通じて利用されてきたのもまちがいないことだ。

自分にとって何が十分なのか、自分の心にきけ——でも人の欲望はきりがないし、その一方で人はどんなことにでも慣らされてしまう動物でもある。そして、人は社会的な動物だ。人の心というものが、他のすべてと独立して、他人との比較とまったく独立して存在しているかのような議論はおかしいのではないか。心の求める充足性を自分なりにじっくり考えろ、という主張は、少なくとも現実的には「ぜいたく言うな、我慢しろ」の言い換えにすぎないことが多い。

足るを知れ、今持っているものだけで感謝しろ、貧乏でも心さえ幸せならいい――こうした物言いは、すぐに抑圧に転じる。腹が減っても我慢しろ、学校に行けなくても我慢しろ、結婚できなくても、職がなくても、病院にいけなくても、子供が持てなくても、子供にいい思いをさせてあげられなくても、我慢しろ、そんなものをほしがるのはぜいたくだ、それが本当におまえの望むものなのか考えて見ろ――これはいまの日本社会でも、人々の抑圧のレトリックとして横行している。

ぼくは、フランクファートの本書での主張は、そうした抑圧につながりかねないと思う。もちろんフランクファート自身はまったくそんな意図がないにしてもだ。

こうしたよじれの原因は、「平等」という概念のとらえ方の問題もあるのかもしれない。このぼくが、個人として、他の人々と平等な立場を求める、という意味での平等追求を問題にするのであれば、フランクファート的な議論もなりたちやすい。ぼくがそういう状態を求めるべきかはぼく自身がよく考えるべきだし、世間の完全な平均値を機械的にぼくにとって望ましい状態とすべきではないだろう。でも平等を重視する、追求するというのは、社会全体での話でもある。その場合、フランクファートが本書で述べている議論はどこまで意味を持つのだろうか。そして平等が社会の状態に対する理念である以上、それだけを純粋に扱って、それに伴う社会的属性すべてを付随的なものとして無視してしまう、というのは正当なのだろうか。

6　おわりに

もちろん、以上は素人の勝手な意見ではある。専門の道徳哲学の関係者から見れば笑止な部分も多いだろう。しかしそもそもこうした議論を引き起こし、平等や格差という、一筋縄ではいかない問題についての新しい見方を与えてくれたことは、本書の重要な功績だというのはまちがいない。『21世紀の資本』が出て二年たち、すでに格差に関する議論が下火になったという主張も聞かれるが、二〇一六年アメリカ大統領選におけるバーニー・サンダース候補の大躍進を見ても格差問題やその解決についての関心は、まったく衰えていないどころかむしろ重要性を高めている。EUにおける難民問題も含めた各種の政策課題も（そしてもちろん、日本での各種経済政策課題も）格差や不平等をめぐる議論の側面を確実に持っている。そうした状況で、その根底にある平等という理念について、厳密に考え直してみるのは大いに意義がある。本書の読者のみなさんが、それを自分なりに考えてくだされば幸甚だ。

二〇一六年五月二三日

山形浩生

Harry G. Frankfurt（ハリー・G・フランクファート）

1929 年生まれ。プリンストン大学名誉教授、道徳哲学。主著に『ウンコな議論』*On Bullshit*（邦訳：山形浩生、筑摩書房刊）の他、*On Truth*（Knoph）, *The Reasons of Love*（Princeton University Press）, *Necessity, Volition, and Love*（Cambridge University Press）, *The Importance of What We Care About*（同）などがある。

山形浩生（やまがた・ひろお）

1964 年東京生まれ。東京大学大学院工学系研究科都市工学科およびマサチューセッツ工科大学大学院修士課程修了。大手シンクタンクに開発コンサルタントとして勤務。同時に、経済、文化、コンピュータなど、幅広い分野で評論、執筆、翻訳活動を行っている。訳著に『クルーグマン教授の経済入門』（ポール・クルーグマン、ちくま学芸文庫）、『21 世紀の資本』（トマ・ピケティ、みすず書房、共訳）『21 世紀の不平等』（アンソニー・G・アトキンソン、東洋経済新報社，共訳）『自由は進化する』（ダニエル・C・デネット、NTT 出版）『ウンコな議論』（ハリー・G・フランクファート、筑摩書房）著書に『新教養主義宣言』（河出文庫）など多数ある。

不平等論《ふびようどうろん》
——格差《かくさ》は悪《あく》なのか？

2016年9月15日　初版第1刷発行

ハリー・G・フランクファート——著者
山形浩生——訳・解説
山野浩一——発行者
株式会社 筑摩書房——発行所
東京都台東区蔵前2-5-3　郵便番号111-8755
振替00160-8-4123
株式会社精興社——印刷
株式会社積信堂——製本
神田昇和——装幀

ISBN4-480-84311-1 C0010

乱丁・落丁本の場合は、下記宛に御送付下さい。
送料小社負担でお取り替えいたします。
ご注文・お問い合わせも下記へお願いします。
〒331-8507　さいたま市北区櫛引町2-604　筑摩書房サービスセンター
TEL　048-651-0053